AF061605

Beiträge zur Kenntnis südasiatischer Sprachen und Literaturen

25

Herausgegeben von Dieter B. Kapp

2016

Harrassowitz Verlag · Wiesbaden

Klaus Mylius

Māhārāṣṭrī

Grammatischer Abriss und Wörterbuch

2016

Harrassowitz Verlag · Wiesbaden

Bibliografische Information der Deutschen Nationalbibliothek
Die Deutsche Nationalbibliothek verzeichnet diese Publikation in der Deutschen Nationalbibliografie; detaillierte bibliografische Daten sind im Internet über http://dnb.dnb.de abrufbar.

Bibliographic information published by the Deutsche Nationalbibliothek
The Deutsche Nationalbibliothek lists this publication in the Deutsche Nationalbibliografie; detailed bibliographic data are available on the internet at http://dnb.dnb.de

Informationen zum Verlagsprogramm finden Sie unter
http://www.harrassowitz-verlag.de

Kreuzberger Ring 7c-d, D-65205 Wiesbaden
produktsicherheit.verlag@harrassowitz.de

Gedruckt auf alterungsbeständigem Papier.
Printed in Germany

ISSN 0948-2806
ISBN 978-3-447-10643-6

Inhaltsverzeichnis

Vorwort

Mit dem hier vorgelegten Wörterbuch Māhārāṣṭrī-Deutsch setzt der Verfasser die Reihe der enzyklopädischen Arbeiten zu mittelindischen Sprachen fort.[1]

Mein verehrter Kollege und hoch geschätzter Freund, Prof. Dr. Dieter B. Kapp (Universität zu Köln), selbst eine Koryphäe auf dem Gebiet der alt-, mittel- und neuindischen Sprachen, hatte die Freundlichkeit, das Manuskript dieses Buches einer kritischen Durchsicht zu unterziehen. Hierfür sei ihm ebenso gedankt wie dem renommierten Harrassowitz-Verlag (Wiesbaden) und seiner Direktorin, Frau Dr. Barbara Krauß, für die Fortsetzung der jahrzehntelangen Zusammenarbeit durch die Aufnahme dieses Titels in sein Produktionsprogramm.

Um das Verständnis dieser so wichtigen Prākr̥t-Sprache über die Lexik hinaus zu erleichtern, wurde dem Wörterbuch ein kurzer Abriss der Māhārāṣṭrī-Grammatik vorangestellt.

Die Anregung hierzu verdanke ich Herrn Prof. Dr. Jost Gippert (Frankfurt am Main).

Goethe-Universität Frankfurt am Main
Institut für Empirische Sprachwissenschaft

Sommer 2016 Klaus Mylius

1 Bislang sind erschienen: *Wörterbuch Pāli-Deutsch.* Wichtrach/Schweiz: Institut für Indologie, 1997; *Wörterbuch Ardhamāgadhī-Deutsch.* Wichtrach/ Schweiz: Institut für Indologie, 2003); *Wörterbuch des kanonischen Jinismus.* Harrassowitz: Wiesbaden, 2005 (BKSSL [Beiträge zur Kenntnis südasiatischer Sprachen und Literaturen, hrsg. von Dieter B. Kapp] 13); *Wörterbuch Deutsch-Pāli.* Wiesbaden: Harrassowitz, 2008 (BKSSL 18); *Zur Didaktik mittelindischer Sprachen.* Wiesbaden: Harrassowitz, 2013 (BKSSL 23); *Lehrbuch der Ardhamāgadhī.* Wiesbaden: Harrassowitz, 2014 (BKSSL 24).

Abkürzungsverzeichnis

Abl	Ablativ
Abs	Absolutiv
Adj	Adjektiv
Adv	Adverb
Akk	Akkusativ
Anat	Anatomie
Astron	Astronomie
bildh	bildhaft
Bot	Botanik
Buddh	Buddhismus
Dat	Dativ
Denom	Denominativum
Des	Desiderativum
f	Femininum
Fut	Futurum
Gen	Genitiv
Ger	Gerundivum
Imper	Imperativ
Impf	Imperfekt
Ind	Indikativ
Indekl	Indeklinabile
Inf	Infinitiv
Instr	Instrumental
Intens	Intensivum
Interj	Interjektion
intr	intransitiv
Jin	Jinismus
Jur	Rechtswesen
Kaus	Kausativum
Konj	Konjunktion
Lit	Literatur
Lok	Lokativ
m, masc	Masculinum
Math	Mathematik
Med	Medizin
Met	Meteorologie
Mil	Militärwesen
Min	Mineralogie
Mus	Musik
Myth	Mythologie
n, neutr	Neutrum
Nom	Nominativ
Num	Numerale
onomat	onomatopoetisch
Opt	Optativ
Part	Partizip
Pass	Passiv
Pers	Person
Phil	Philosophie
Pl	Plural
Pol	Politik
Postp	Postposition
PPP	Partizip Präteritum Passiv
Präf	Präfix
Präp	Präposition
Präs	Präsens
Pron	Pronomen
Pron dem	Demonstrativpronomen
Pron interr	Interrogativpronomen
Pron pers	Personalpronomen
Pron poss	Possessivpronomen
Psych	Psychologie
Rel	Religion
Sg	Singular
Skt	Sanskrit
Subst	Substantiv
Sup	Superlativ
Theat	Theater
tr	transitiv
ved	vedisch
Vok	Vokativ
Zool	Zoologie

Einführung

Zur linguistischen Position und der historischen Bedeutung der Māhārāṣṭrī

Den indischen Grammatikern, aber auch dem Dichter Daṇḍin, galt die Māhārāṣṭrī als das vorzüglichste Prākr̥t, sozusagen als das Prākr̥t *par excellence*. Im Kāvyādarśa I, 35 des Daṇḍin heißt es:
mahārāṣṭrāśrayāṁ bhāṣāṁ prakr̥ṣṭaṁ prākr̥taṁ viduḥ – „die in Mahārāṣṭra beheimatete Sprache kennt man als vorzügliches Prākr̥t".

Was an einer Sprache vorzüglich ist oder nicht, lässt sich nur schwer entscheiden. Immerhin gibt es schon seit dem 4. Jh. eine Literatur in Māhārāṣṭrī. Zudem ist die Māhārāṣṭrī die Sprache fast der gesamten Prākr̥t-Poesie. Daher muss betont werden, dass der literaturgeschichtliche Hintergrund, für den die Māhārāṣṭrī das sprachliche Vehikel darstellt, eine immense Rolle spielt. Die Māhārāṣṭrī – und das ist im Rahmen der Prākr̥ts einmalig – findet Anwendung sowohl in der Epik als auch in der Dramatik und der Lyrik. Zudem ist die Māhārāṣṭrī die Sprache der jüngeren Schichten der kanonischen sowie der nachkanonischen Literatur der Jainas.

Einige besonders wichtige Werke, die in Māhārāṣṭrī bzw. in der Jaina-Māhārāṣṭrī verfasst wurden, sollen hier wenigstens kurz genannt werden. Die Samarāiccakahā (Skt. Samarādityakathā) des Haribhadra ist eine Sammlung von in Prosa gehaltenen, religiös moralisierenden Geschichten. Sīlaṅkas Caupaṇṇamahāpurisacariya ist eine mythische Universalgeschichte aus dem 9. Jh. Ein jinistisches Epos aus dem 2. bis 3. Jh. liegt im Paumacariya (Skt. Padmacarita) vor. Das Werk ist eine jinistische Überarbeitung des Rāmāyaṇa. Ebenfalls ein Epos ist der Rāvaṇavaha (Skt. Rāvaṇavadha), der auch den Namen Setubandha führt. Ob der König Pravarasena II. (erste Hälfte des 5. Jh.) der Verfasser war, ist ungewiss. Das Sujet ist entweder ein Brückenbau nach Ceylon oder ein Pontonbau in Śrīnagar. Zwischen 700 und 725 entstand der Gauḍavaha (Skt. Gauḍavadha). Der Verfasser war Bappairāa (Skt. Vākpatirāja), Das historiographische Werk besingt die Taten des Königs Yaśovarman von Kanauj, besonders seinen Feldzug zum Vindhya-Gebirge.[2]

Aber auch lyrische Kunstdichtung ist in der Māhārāṣṭrī vertreten. Berühmt geworden ist die aus 700 Versen bestehende Sammlung Sattasaī (Skt. Saptaśatī).

---

2 Einen Textauszug aus Devendras Kommentar zum 13. Kapitel des *Uttarajjhayaṇasutta*, der das Leben des Prinzen Bambhadatta durch sechs Existenzen hindurch schildert, bietet zusammen mit einer deutschen Übersetzung Band 4 der von Dieter B. Kapp herausgegebenen Reihe „Literatur aus Südasien. Zweisprachige Textausgaben": Dieter B. Kapp (Übers. & Hrsg.): *Baṁbhadattavuttaṁtaṁ. Die Lebensgeschichte von Bambhadatta*. Aachen: Shaker Verlag, 2008; IV, 66 S.

Sie entstand im 1. oder 2. Jh. im Andhra-Land, also im nordöstlichen Dekhan, und wird gewöhnlich dem König Hāla zugeschrieben, der die Verse aber wahrscheinlich nicht selbst verfasst hat, sondern ihr Kompilator war.

Māhārāṣṭrī kommt aber auch in Dramen vor und wird dort besonders von vorneh-men Damen gesprochen. So figuriert die Māhārāṣṭrī als Sprache in Teilen folgender Dramen: Śakuntalā, Mr̥cchakaṭika, Ratnāvalī, Karpūramañjarī, Mudrārākṣasa.

Wer das Wörterbuch nicht nur zum flüchtigen Nachschlagen oder zum oberflächlichen Blick auf die Sanskrit-Vorform, die *chāyā*, nutzen will, sondern die Kenntnis von der von den alt- bis zu den mittelindischen Sprachen verlaufenden Sprachgeschichte zu vertiefen bestrebt ist, sollte sich jedenfalls über die besondere Phonologie der Māhārāṣṭrī wenigstens eine Übersicht verschaffen.

Von allen Prākr̥t -Sprachen war die Māhārāṣṭrī gegenüber dem Skt. den stärksten phonologischen Veränderungen unterworfen. Aus dem Lautbestand des Skt. fallen weg: *r̥, r̥̄, l̥, ai, au, y* (das in der Jaina-Māhārāṣṭrī erhalten bleibt), *ś*, *ṣ* und der Visarga *ḥ*. *r̥* wird zu *a, i, ri* oder (besonders nach Labialen) zu *u*. Anlautendes *y* wird *j*. Die Konsonantenelisionen sind radikal. Alle intervokalischen, nicht aspirierten Konsonanten, nämlich *k, g, c, j, t* und *d*, fallen aus, ferner auch *y*. Die intervokalischen aspirierten, stimmlosen Konsonanten werden zu *h* reduziert. Dadurch entsteht eine Fülle von Homonymen, wie z. B. *sua* < Skt. *śuka*, *suta* oder *śruta*.

Die orthographische Eindeutigkeit und Exaktheit des Skt. wird man in den Prākr̥ts (und also auch in der Māhārāṣṭrī) nicht vorfinden. So wird Skt. *loka* („Welt") in der Māhārāṣṭrī sehr unterschiedlich wiedergegeben: als *loa*, *loga* und auch *loya*. Es wechseln *n* und *ṇ*, *ia* und *iya*. Im Interesse der Benutzer wird initial einheitlich *ṇ* geschrieben. Da *ai* und *au* in der Māhārāṣṭrī keine Diphthonge sind, wird in der Transliteration vom Trema kein Gebrauch gemacht.

Durch die Jainas hat die Māhārāṣṭrī einen leichten Wandel erfahren, so dass man von einer Jaina-Māhārāṣṭrī sprechen kann. Ein Beispiel ist die Verwendung des *y* zur Überbrückung von Hiaten; so wird Skt. *mr̥ta* zu *maa*, in der Jaina-Māhārāṣṭrī zu *maya*. In diesem Idiom verfasst wurde der außerkanonische Text Vasudevahiṇḍi („Irrfahrt des Vasudeva"). Der aus dem 3. Jh. stammende Text ist die älteste Bearbeitung der verlorenen Br̥hatkathā. Hier wurden Geschichten aus dem Mahābhārata, dem Rāmāyaṇa sowie Jaina-Legenden von Saṅghadāsagaṇin und Dharmaseṇagaṇin in einer Sammlung vereinigt. Im vorliegenden Wörterbuch wird das *y* – obwohl schwächer als im Skt. artikuliert, aber nicht gänzlich verschwunden – traditionell in den Halbvokalen eingeordnet.

Durch die Konsonantenelisionen entsteht ein relativer Vokalreichtum, der dieser Prākr̥t-Sprache einen anmutigen Wohlklang verleiht, wie er polynesischen und mikronesischen Sprachen eigen ist. Im Sanskrit-Bereich findet man eine gewisse Ähnlichkeit mit dem Gītāgovinda des Jayadeva. Die Māhārāṣṭrī fand daher vielfach gesangliche Verwendung.

In der Konjugation ist das „Wurzelverständnis" des Sanskrit bereits im Pāli erloschen; daher werden die Verben in der 3. Person Singular Präsens gegeben. Wo es erforderlich und nützlich schien, wurde auch das präteritale Passivpartizip (PPP) genannt.

In Ausnahmefällen wurden auch Flexionsformen aufgenommen, wenn dies im Interesse der Benutzerinnen und Benutzer ratsam zu sein schien.

Besonderes Gewicht wurde auf die (oft sehr mühevolle) Eruierung der sanskritischen Vorformen (*chāyā*) der Māhārāṣṭrī gelegt. In den wenigen Fällen der Nichterwähnung einer *chāyā* konnte diese nicht zweifelsfrei ermittelt werden; von bloßer Spekulation wurde zur Wahrung der wissenschaftlichen Korrektheit abgesehen.

Im Unterschied zu manchen anderen Prākr̥ts ist die Māhārāṣṭrī gut zu lokalisieren: Sie entstand am Oberlauf der Godāvarī und entwickelte sich dann im westlichen Indien. Dort bildete sie die Vorstufe zur heutigen Marāṭhī.

Teil I. Grammatischer Abriss

1. Lautlehre

Das Māhārāṣṭrī-Alphabet setzt sich wie folgt zusammen:

Vokale:

kurz: *a, i, u, e, o*
lang: *ā, ī, ū, e, o*

Konsonanten:

Gutturale: *k, kh, g, gh, ṅ*
Palatale: *c, ch, j, jh, ñ*
Retroflexe: *ṭ, ṭh, ḍ, ḍh, ṇ*
Dentale: *t, th, d, dh, n*
Labiale: *p, ph, b, bh, m*
Liquide: *r, l*
Halbvokale: *y, v*
Sibilant: *s*
Hauchlaut: *h*

Anusvāra: *ṁ*

Die wesentlichen Grundzüge der Phonetik wurden bereits in der Einführung erläutert, weshalb darauf verwiesen werden kann. Die dort mitgeteilten Fakten sollen im Folgenden erweitert und vertieft werden.

Zum Studium der Prākr̥t-Sprachen, also auch der Māhārāṣṭrī, sind Grundkenntnisse in Sanskrit (Skt.) unabdingbar. Sie werden auch hier vorausgesetzt. Die sanskritische Vorform der Prākr̥ts heißt *chāyā* („Schatten").

Erwähnt sei, dass die nichtkanonische Literatur der Śvetāmbaras in einer modifizierten Form der Māhārāṣṭrī gehalten ist, so dass man von einer Jaina-Māhārāṣṭrī sprechen kann. Typisch für dieses Idiom ist das Gerundium auf *-ittā* und die Beibehaltung des *y* zur Überbrückung von Hiaten. Im Folgenden wird vorwiegend die Grammatik der Māhārāṣṭrī im engeren Sinne besprochen.

Ein dominanter Grundzug aller Prākr̥t-Sprachen sind die phonologischen Veränderungen gegenüber dem Skt. Viele dieser phonologischen Prozesse sind allerdings durch Gesetze nicht voll erfassbar und entziehen sich festen Regeln.

Es empfiehlt sich daher, zu jedem Māhārāṣṭrī-Wort auch die jeweilige *chāyā* zu verinnerlichen.

Der allgemeine Schwund der Prākr̥ts gegenüber dem Skt. im Lautbestand und an Formen macht sich in der Māhārāṣṭrī besonders stark bemerkbar. Aus dem Lautbestand des Skt. fallen weg:
r̥, r̥̄, ḷ, ai, au, ś, ṣ und der Visarga *ḥ*.

e und *o* können im Unterschied zum Skt. auch kurz sein; sie sind es stets vor Doppelkonsonanten. Beispiel: *pemma* < Skt. *preman.*

ai und *au* sind in der Māhārāṣṭrī keine Diphthonge mehr; in der Aussprache verschmelzen sie also nicht.

Außer den seltenen Kombinationen *nh, lh* und *vv* kann im Anlaut nur ein einzelner Konsonant stehen: Das Skt.-Präfix *pra* > *pa* und Skt. *prayukta* > *pautta.*

Auf einen langen Vokal kann nur *ein* Konsonant folgen. Daher ist jeder Vokal vor zwei Konsonanten kurz. Beispiele: Skt. *aśva* > *āsa* und *utsava* > *ūsava.* Lange Vokale werden also vor einer Doppelkonsonanz verkürzt: Skt. *rājya* > *rajja* und *sūtra* > *sutta.*

Ein langer Vokal wird in geschlossener Silbe gekürzt. Beispiele: Skt. *kāvya* > *kavva* und *māṁsa* > *maṁsa.*

Initiale Konsonanten bleiben meist erhalten, doch – wie so oft – gibt es auch hier Ausnahmen: *n* meist > *ṇ*, *y* > *j*, *ś* und *ṣ* > *s.*

Im Wortinneren sind die Veränderungen noch viel radikaler. Erhalten bleiben nur *ṇ, m, r, l, v, s* und *h* (in der Jaina- Literatur kann auch *t* erhalten bleiben).

Nebeneinander dürfen nicht mehr als zwei Konsonanten stehen. Alle intervokalischen, nicht aspirierten Konsonanten mit Ausnahme der Labialen fallen aus, also: *k, g, c, j, t* und *d.* Die Skt.-Wörter werden dadurch mitunter bis zur Unkenntlichkeit verändert. Beispiele: Skt. *udaka* > *uaa*, *hita* > *hia*, *niyukta* > *ṇiyutta*, *śata* > *saa*, *anurāga* > *aṇuraa*, *nagara* > *ṇaara.*

Sehr irritierend wirkt, dass labiale Verschlusslaute und *v* vor *u* meist ausfallen; Beispiele: Skt. *nipuṇa* > *ṇiuṇa*, *vipula* > *viula*, *āryaputra* > *ajjautta*; *pravr̥tti* > *pautti* und *pibati* > *piyai.*

Eine einzeln stehende Besonderheit sei wegen der Häufigkeit ihres Vorkommens eigens hervorgehoben: *p* und *b* werden sehr oft > *v*; also Skt. *nr̥pa* > *ṇiva*, *rūpa* > *rūva* und *lapati* > *lavai*.

Eine weitere einschneidende Regel besagt: Alle intervokalischen, stimmlosen, aspirierten Konsonanten werden auf die Aspiration reduziert. Beispiele: Skt. *katham* > *kahaṁ*, *manoratha* > *maṇoraha*, *laghu* > *lahu*, *rudhira* > *ruhira*, *mukha* > *muha*, *megha* > *meha*.

Durch diese umfangreichen Konsonantenelisionen entfernt sich die Māhārāṣṭrī stärker als andere Prākr̥t Sprachen vom Skt. Es wurde aber schon bemerkt, dass die durch die Elisionen bewirkten Vokalhäufungen den Prākr̥ts einen Wohlklang verleihen, den das Skt. nicht aufweist. Die mittelindischen Dichter haben dies offenbar genauso gesehen, denn es heißt in der Karpūramañjarī: *parusā sakkaabandhā pāua-bandho vi hoi sumāro* „Sanskrit-Dichtungen sind rau, aber ein Prākr̥t-Gedicht ist sehr zart."

Es verwundert daher nicht, dass Prākr̥ts wie die Māhārāṣṭrī als Vehikel dichterischer, speziell lyrischer, Produktion in der indischen Literatur- und Sprachgeschichte eine hohe Position erringen konnten.

Wie ist die Māhārāṣṭrī mit dem sanskritischen silbischen *r̥* umgegangen? Hierzu gibt es wiederum keine Regeln, denn das *r̥* wurde in *a*, aber auch in *i* und in *u* überführt.
Beispiele für *r̥* > *a*: Skt. *kr̥ta* > *kaya*, *tr̥ṣṇā* > *taṇhā*;
Beispiele für *r̥* > *i*: Skt. *hr̥daya* > *hiyaya*, *nr̥pa* > *ṇiva*;
Beispiele für *r̥* > *u*: Skt. *pr̥thivī* > *puḍhavī*, *pr̥cchati* > *pucchai*, *vr̥kṣa* > *rukkha*.

Im Anlaut wird *r̥* > *ri*; Beispiele: Skt. *r̥ṇa* > *riṇa* und *r̥ṣi* > *risi*.

Außer dem *r̥* können sich aber auch andere Vokale verwandeln. Es werden hier – wie stets – nach Möglichkeit solche Beispiele herangezogen, die in der Literatur eine mehr oder weniger wichtige Rolle spielen.

So kann Skt. *a* > *i* werden: Skt. *madhyama* > *majjhima*; es kann aber auch > *u* werden: Skt. *sarvajña* > *savvaṇṇu*. Auch Skt. *i* kann > *u* werden: Skt. *ikṣu* > *ucchu*. Umgekehrt kann Skt. *u* > *i* werden: Skt. *puruṣa* > *purisa*. Vor Doppelkonsonanten kann sich *u* sogar in *o* verwandeln: Skt. *pustaka* > *potthaa*.

Vokale können aber auch ausfallen. So wird Skt. *araṇya* > *raṇṇa*, *api* nach einem Anusvāra > *pi*, nach einem Vokal > *vi* und Skt. *iti* nach einem Anusvāra > *ti*, nach einem Vokal > *tti*.

Auch Konsonanten unterliegen nicht selten einem Wechsel. Stimmlose Retroflexe tendieren dazu, stimmhaft zu werden. Beispiele: Skt. *pīṭha* > *pīḍhā*, *paṭa* > *paḍa* und *kuṭila* > *kuḍila*.

Dentale werden zu Retroflexen, wenn ein *r* vorausgeht. So wird das wichtige Skt.-Präfix *prati* > *paḍi* und Skt. *prathama* > *paḍhama*.

ṅ und *ñ* kommen nur in Verbindung mit Verschlusslauten desselben *varga* vor; in der Regel tritt an ihre Stelle jedoch der Anusvāra.

n wird fast immer zerebralisiert: Skt. *vana* > *vaṇa*, und *nātha* > *ṇāha*. Anlautenden Nasal schreiben die Jainas als Dental, die Brahmanen als Retroflex. Vor einem Dental behält *n* den dentalen Charakter, wie in *danta* (das jedoch meist auch *daṁta* geschrieben wird).

Von Veränderungen stark betroffen sind auch die Sibilanten. Das palatale *ś* und das retroflexe *ṣ* aus dem Skt. gehen im dentalen *s* auf: Skt. *aśeṣa* > *asesa*, *śruta* > *sua*.

Von großer Wichtigkeit ist das Gesetz, wonach im Auslaut nur ein Vokal oder Anusvāra stehen darf; Beispiele: Skt. *paścāt* > *pacchā* und *punar* > *puṇa*. Wie noch zu zeigen sein wird, wirkt sich dieses Gesetz besonders bei der Formenlehre aus.

Treffen im Wortinneren zwei Konsonanten aufeinander, treten die Gesetze der **Assimilation** in Kraft. Aus der Fülle der einschlägigen Regeln sollen hier nur die wichtigsten herausgegriffen werden. Treffen zwei stimmlose Konsonanten auf-einander, ‚obsiegt' im Allgemeinen der zweite; Beispiele: Skt. *yukta* > *jutta*, *balātkāra* > *balakkāra*, *utpala* > *uppala*. Feste Regeln gibt es aber auch hier nicht. So kann auch der erste Konsonant die Oberhand behalten, wie das folgende Beispiel zeigt: Skt. *sūtra* > *sutta*.

Einige weitere Beispiele mögen das Wirken der Assimilation verdeutlichen:

Skt. *cakra* > *cakka*, *dharma* > *dhamma*, *putra* > *putta*, *varga* > *vagga*, *sarpa* > *sappa*, *sarva* > *savva*, *sahasra* > *sahassa*, *hiraṇya* > *hiraṇṇa*. Die häufige Ligatur *kṣ* wird entweder zu *cch* (Skt. *akṣi* > *acchi*) oder zu *kkh* (Skt. *rakṣaṇa* > *rakkhaṇa*). Die sprachgeschichtlichen Gründe für diese unterschiedliche Wandlung sind noch nicht erforscht und mögen bis ins Avesta zurückreichen; *cch* scheint im westlichen, *kkh* im östlichen Indien überwogen zu haben, Eine interessante, aber folgerichtige Wandlung nimmt das mit *r̥* anlautende *r̥kṣa*: es wird zu *rikkha*.

Im Folgenden sollen einige häufige Konstellationen erwähnt werden:

kt > *tt*; Beispiel: Skt. *rakta* > *ratta*. Eine ähnliche Assimilation erfährt *pt*; Beispiel: Skt. *supta* > *sutta* sowie *bd* > *dd*: Beispiel: Skt. *śabda* > *sadda*.

Die Nasale *ṇ* und *n* assimilieren sich einem vorhergehenden Konsonanten, also Skt. *agni* > *aggi*, *rugṇa* > *rugga*; *gm* (auch *m* gilt als Nasal) > *gg*, also Skt. *yugma* > *jugga*. Auch *gy* > *gg*, also Skt. *yogya* > *jogga*. Das ohnehin schwach intonierte *y* in *cy* assimiliert sich zu *cc*; also Skt. *mucyate* > *muccai*; *bhy* > *bbh*; somit Skt. *abhyantara* > *abbhantara*.

Das *l* assimiliert sich einem stimmlosen Konsonanten. Demzufolge wird Skt. *valkala* > *vakkala*, *alpa* > *appa* und *kalpa* > *kappa*. In Ligaturen ähnlich schwach wie das *a* ist das *r*, wie die folgenden Beispiele zeigen: *rk* assimiliert sich zu *kk*; also Skt. *arka* > *akka*. *rg* assimiliert sich zu *gg*: Skt. *nirgama* > *ṇiggama*. *rṇ* geht in *ṇṇ* über: Skt. *karṇa* > *kaṇṇa*. *dr* > *dd*: Skt. *bhadra* > *bhadda*. *rv* > *vv*: Skt. *pūrva* > *puvva*.

Einige weitere, des Öfteren vorkommende Assimilationen mögen das Bild vervollständigen:

ṣṭ und *ṣṭh* werden zu *ṭṭh*: Skt. *dr̥ṣṭi* > *diṭṭhi*.

v wird von stimmlosen Konsonanten assimiliert: Skt. *pakva* > *pakka* und *sattva* > *satta*.

Treffen zwei Halbvokale aufeinander, dominiert der stärkere in der Abfolge *l* – *v* – *r* – *y*. So wird Skt. *mūlya* > *mulla*, *kāvya* > *kavva* und *durlabha* > *dullaha*.

Trifft ein Halbvokal auf einen Sibilant, dann dominiert der Sibilant: Skt. *sahasra* > *sahassa*; *tasya* > *tassa*.

Trifft aber ein Sibilant auf einen stimmlosen Konsonanten, so wird er assimiliert und der Konsonant aspiriert. So wird das Skt.-Hilfszeitwort *asti* > *atthi*; analog Skt. *puṣpa* > *puppha*. Folgt jedoch der Sibilant dem stimmlosen Konsonanten, entsteht *cch*: Skt. *apsarā* > *accharā* und *matsara* > *macchara*.

Trifft ein Nasal auf einen Halbvokal, so wird dieser assimiliert: Skt. *dharma* > *dhamma*, *puṇya* > *puṇṇa* und *karṇa* > zu *kaṇṇa*.

Ein Sibilant vor einem Nasal wird zu *h*: Skt. *praśna* > *paṇha*, *kr̥ṣṇa* > *kaṇha* und *asme* > *amhe*, doch gibt es hiervon zahlreiche Ausnahmen.
ṣm > *mh*: Skt. *grīṣma* > *gimha*; ähnlich *sm* > *mh*: Skt. *asme* > *amhe*.

Steht *h* vor einem Nasal, findet eine Inversion statt; so geht Skt. *aparāhna* in *aparaṇha* über und *brāhmaṇa* in *bamhaṇa*.

Es bleibt nun nur noch zu erörtern, was aus dem Visarga *ḥ* wird. Dieser trägt im Skt. in Verbindung mit den Sandhi-Gesetzen erheblich zu den Schwierigkeiten der Sprache bei. Nach den zahlreichen oben behandelten phonologischen Regeln wirkt der Wegfall des Visarga in der Māhārāṣṭrī erleichternd. Allerdings verflüchtigt sich der Visarga nicht vollständig; auch er wird in das Regelwerk der Māhārāṣṭrī eingebunden. Vor *k*, *kh*, *p* und *ph* wird er wie ein Sibilant behandelt: Skt. *duḥkha* > *dukkha* und *antaḥkaraṇa* > *antakkaraṇa*.

Tabelle der Lautumwandlungen Skt. > Māhārāṣṭrī

kt > tt; kr > kk; kv > kk; kṣ > cch / kkh;
gṇ > gg; gn > gg; gm > gg;
cy > cc;
ṇy > ṇṇ;
tk > kk; tp> pp; tr > tt; tv > tt; ts > cch;
dr > dd;
pt > tt; ps > cch;
bd > dd;
bhy > bbh;
rk > kk; rg > gg; rṇ > ṇṇ; rp > pp; rm > mm; rl > ll; rv > vv;
lk > kk; lp > pp; ly > ll;
vy > vv;
śn > ṇh;
ṣṭ > ṭṭh; ṣṭh > ṭṭh; ṣṇ > ṇḥ; ṣp > pph; ṣm > mh;
st > tth; sm > mh; sy > ss; sr > ss;
hn > ṇh; hm > mh;
ḥk > kk; ḥkh > kkh; ḥp > pp; ḥph > pph.

Treffen mehrere Konsonanten aufeinander, so dass die Aussprache erschwert wird, so behilft sich die Sprache mit einem Vokaleinschub, der die Konsonantenagglomeration auflockert. Dieser Vorgang wird als **Svarabhakti** bezeichnet. Diese findet vorzugsweise zwischen *l* bzw. *r* und einem Konsonanten statt: Skt. *mlāna* > *milāṇa* und *kliṣṭa* > *kiliṭṭha*. Svarabhakti kann aber auch als Inlaut fungieren: Skt. *harṣa* > *harisa* und *śrī* > *siri*. Meist ist der Svarabhakti-Vokal ein *i*, doch können auch *a* und *u* eine entsprechende Verwendung finden. Einige weitere Beispiele mögen das Gesagte vertiefen: Skt. *sneha* wird aufgelockert > *siṇeha*; *klāmyati* > *kilammai*, *āmarṣa* > *āmarisa*, *klinna* > *kiliṇṇa* und *svaḥ* > *suvo*.

Es bleibt die Frage, welche Rolle die im Skt. so überaus wichtigen **Sandhi-Gesetze** in der Māhārāṣṭrī spielen. Da hier im Auslaut keine Konsonanten stehen dürfen, werden fast alle Sandhi-Gesetze hinfällig. Sandhi-Vorgänge kommen nur noch gelegentlich und in Resten vor. Manchmal findet man das Gesetz *a* + *i* = *e*; Beispiel: *nara isara* > *naresara*. Insgesamt gesehen, lässt sich sagen, dass die Māhārāṣṭrī nicht – wie das Skt. – den Hiatus verbietet. Allenfalls erwähnenswert sind Kombinationen mit *na*. So wird das sanskritische *nāsti* nicht aufgelöst, sondern in *ṇatthi* überführt; ähnlich *nāham* > *ṇāhaṁ*. Ein Sandhi liegt auch in der Form *ṇecchai* (< Skt. *na īkṣate*) vor. Doch das sind Einzelfälle, die das Gesamtbild der Māhārāṣṭrī nicht beeinflussen.

Aus dem Skt. ist ein Vorgang bekannt, bei dem *-ya-* zu *-i-* und *-va-* zu *-u-* reduziert werden. Dieser Prozess wird als **Saṁprasāraṇa** bezeichnet. Er findet auch in der Māhārāṣṭrī statt und ist dort sogar etwas häufiger als im Skt. Allerdings verläuft die Reduzierung etwas anders. Es wird nämlich *-aya-* zu *-e-* und *-ava-* zu *-o-*. Beispiele: Skt. *lavaṇa* > *loṇa* und *bhavati* > *hoi*.

Es wurde schon bemerkt, dass *ai* und *au*, die im Skt. Diphthonge waren, in der Māhārāṣṭrī diesen Charakter verlieren: *ai* > *e*: Skt. *vaidya* > *vejja*; *au* > *o*: Skt. *kauśika* > *kosiya* und *kaumudī* > *komuī*. Es sei nochmals hervorgehoben, dass *e* und *o* im Unterschied zum Skt. vor Doppelkonsonanten kurz werden: Skt. *taila* > *tella* mit kurzem *e*; *ai* muss nicht zu *e* werden, sondern kann auch erhalten bleiben. So wird Skt. *vairāgya* > *veragga*, doch *vaira* bleibt *vaira*. Analog verhält es sich mit *au*, das zu *o* wird, aber auch erhalten bleiben kann; Beispiel: Skt. *saukhya* > *sokkha*, doch *paura* bleibt als *paura* erhalten.

Als besonders wichtig sei nochmals auf zwei Regeln hingewiesen:
Auslautendes *aḥ* <im Skt. sehr häufig> > *o*: Skt. *rāgaḥ* > *rāo*, *tataḥ* > *tao* und (unter Berücksichtigung der Regeln zur Konsonantenelision) *āgataḥ* > *āao*.

Die andere zu beachtende Regel besagt, dass anlautendes *y* zu *j* wird: Skt. *yukta* > *jutta* (Assimilation!), *ye* > *je* und *yatna* > *jatta*.

Die phonologischen Regeln machen die Māhārāṣṭrī zur schwierigsten Prākr̥t-Sprache; sie eröffnen aber den Weg in alle anderen mittelindischen Sprachen und natürlich den Blick in die grandiose Welt mittelindischer und jinistischer Dichtkunst.

2. Formenlehre

2.1. Deklination

2.1.1. Deklination der Nomina

Wie schon in der Phonetik, so kann man auch in der Flexion Spuren einer Verarmung gegenüber dem Skt. erkennen. In der Deklination sind sie allerdings nicht so stark ausgeprägt wie in der Konjugation, worauf noch näher eingegangen wird. Immerhin gibt es keinen Dual mehr; erforderlichenfalls wird er durch den Plural ersetzt. Während im Deutschen „der Dativ dem Genitiv sein Tod ist", verhält es sich in der Māhārāṣṭrī gerade umgekehrt; hier wird der Dativ meist vom Genitiv übernommen. Die übrigen Kasus entsprechen den aus dem Skt. bekannten, doch ist der Abl. Pl. sehr selten.

Bekanntlich wird im Skt. strikt zwischen vokalischer und konsonantischer Deklination unterschieden. In der Māhārāṣṭrī spielt nur die vokalische Deklination eine Rolle. Die im Skt. so schwierige und vielseitige konsonantische Deklination existiert nur noch in Resten.

Man unterscheidet drei regelmäßige Deklinationen:

(1) *a*-Stämme (Masc. und Neutra);
(2) *i*- und *u*-Stämme (Masc. und Neutra);
(3) *ā*- und *ī*-Stämme (Feminina).

Deklination der Masculina auf *-a* (mit dem Paradigma *putta* „Sohn")

Kasus	Singular	Plural
Nom.	*putto*	*puttā*
Akk.	*puttaṁ*	*puttā, putte*
Instr.	*putteṇa*	*puttehi(ṁ)*
Dat.	*puttāa, puttāe*	
Abl.	*puttāo, puttā*	*puttehiṁto*
Gen.	*puttassa*	*puttāṇa(ṁ)*
Lok.	*putte, puttammi*	*puttesu(ṁ)*
Vok.	*putta*	

Die Skt.-Vorformen schimmern hier noch allenthalben durch. Freilich kommen auch die Lautumwandlungen zur Geltung. Zu *puttassa* (Assimilation!) lautet die Skt.-Vorform *putrasya*. Die *o*-Endung im Nom., schon im Pāli üblich, geht auf Skt. *-aḥ* zurück. Auffallend ist die Endung *-mmi* im Lok. Sg. Sie ist aus Skt. *-smin* hervorgegangen. Im Plural ist der Anusvāra im Auslaut fakultativ. Das Schluss-*to* im Abl. Pl. beruht auf Skt. *-taḥ*. Hervorzuheben ist die schon hier auffallende Tendenz, dass Nom. und Akk. im Pl. zusammenfallen.

Deklination der Neutra auf *-a* (mit dem Paradigma *phala* „Frucht")

Sie bilden nur im Nom. und Akk. besondere Formen:

Kasus	Singular	Plural
Nom.	*phalaṁ*	*phalāiṁ, phalāni*
Akk.	*phalaṁ*	*phalāiṁ, phalāni*

Während die Form *phalāni* dem Skt. entspricht, hat *phalāiṁ* einen Vorläufer in der Ardhamāgadhī.

Deklination der Masc. auf *-i* (mit dem Paradigma *aggi* „Feuer")

Kasus	Singular	Plural
Nom.	*aggī*	*aggī, aggiṇo*
Akk.	*aggiṁ*	*aggiṇo*
Instr.	*aggiṇā*	*aggīhi*
Abl.	*aggīo, aggiṇo*	
Gen.	*aggissa, aggiṇo*	*aggīṇa(ṁ)*
Lok.	*aggimmi*	*aggīsu(ṁ)*
Vok.	*aggi*	*aggī*

Im Gen. Sg. tritt die *a*-Deklination wieder zutage. Nom. und Akk. Pl. fallen zusammen.

Deklination der Neutra auf *-i* (mit dem Paradigma *dahi* „Sauermilch")

Auch sie bilden nur in zwei Kasus eigene Formen:

Kasus	Singular	Plural
Nom.	*dahiṁ*	*dahīiṁ*
Akk.	*dahiṁ*	*dahīiṁ*

Deklination der Masculina auf *-u* (mit dem Paradigma *vāu* „Wind“)

Kasus	Singular	Plural
Nom.	*vāū*	*vāū*
Akk.	*vāuṁ*	*vāuṇo*
Instr.	*vāuṇā*	*vāūhi(ṁ)*
Gen.	*vāussa*	*vāūṇa(ṁ)*
Lok.	*vāummi*	*vāūsu(ṁ)*

Deklination der Feminina auf *-ā* (mit dem Paradigma *mālā* „Kranz“)

Diese im Skt. recht schwierige Deklination bietet in der Māhārāṣṭrī keine besonderen Schwierigkeiten, zumal im Singular Instr., Gen. und Lok. zusammenfallen. Im Plural können Nom. und Akk. wieder zusammenfallen, und die Endungen der übrigen Kasus sind bereits bekannt.

Kasus	Singular	Plural
Nom.	*mālā*	*mālāo, mālā*
Akk.	*mālaṁ*	*mālāo*
Instr.	*mālāe*	*mālāhi(ṁ)*
Abl.	*mālāo*	*mālāhiṁto*
Gen.	*mālāe*	*mālāṇā(ṁ)*
Lok.	*mālāe*	*mālāsu(ṁ)*
Vok.	*māle*	

Deklination der Feminina auf *-ī* (mit dem Paradigma *devī* „Göttin“)

In der dritten Deklination werden – anders als im Skt. – die Feminina auf *-ā*, *-ī* und *-ū* parallel dekliniert. Im Skt. ist besonders die Deklination der Feminina auf *-ī* schwierig; es ist fraglich, ob jeder mit dem Skt. Befasste Formen wie *nadyaḥ* und *nadīḥ* sogleich zu deuten weiß. Diese Schwierigkeiten finden sich in der Māhārāṣṭrī nicht.

Kasus	Singular	Plural
Nom.	*devī*	*devīo*
Akk.	*deviṁ*	*devīo*
Instr.	*devīe*	*devīhi(ṁ)*
Abl.	*devīo*	*devīhiṁto*
Gen.	*devīe*	*devīṇa(ṁ)*
Lok.	*devīe*	*devīsu(ṁ)*
Vok.	*devi*	

Deklination der r̥-Stämme

Die r̥-Stämme werden unregelmäßig dekliniert. Außerdem treten hier die phonetischen Regeln der Māhārāṣṭrī in Kraft. Im Allgemeinen folgen die r̥-Stämme im Nom. und Akk. Sg. sowie im Nom. Pl. dem Skt. Einige in der Praxis des Öfteren vorkommende Beispiele sollen dies verdeutlichen. Gleich das erste Beispiel – mit dem Paradigma *piu* (< Skt. *pitr̥*) „Vater“ – zeigt, dass r̥-Stämme zu *u*-Stämmen werden können:

Kasus	Singular	Plural
Nom.	*piā*	*piaro* (Skt. *pitaraḥ*)
Akk.	*piaraṁ*	*piaro, piuṇo*
Instr.	*piuṇā*	*piūhiṁ*
Gen.	*piuṇo*	*piūṇa(ṁ)*
Lok.		*piūsu(ṁ)*

Für *māā* (< Skt. *mātr̥*) „Mutter“ finden sich im Sg. nur die folgenden Formen:

Nom.	*māā*
Akk.	*māaraṁ*
Instr.	*māāe*

Bestimmte Feminina, wie *dhūyā* (< Skt. *duhitr̥*) „Tochter“, folgen der Deklination der Feminina auf *-ā*.

Konsonantische Deklination

Die im Skt. so vielseitige und schwierige (man denke etwa an *vidvas*) konsonantische Deklination kommt in der Māhārāṣṭrī allenfalls noch in Resten vor. Entweder wird der sanskritische Endkonsonant elidiert, oder es wird bei Masc. und Neutr. *-a*, bei Fem. aber *-ā* suffigiert. Beispiele: Skt. *vaṇij* > *vaṇia*, *saṁpad* > *saṁpayā*, *diś* > *disā* und *pariṣad* > *parisā*. Einige Neutra werden zu Masculina; so Skt. *janman* > *jamma*. So wie die sanskritischen *-an*-Stämme auf *-a-* oder *-ā*-Stämme reduziert werden, werden die *-in*-Stämme auf *-i-* reduziert.

Nur sehr wenige Nomina haben Reste der einstigen konsonantischen Deklination bewahrt. Die wichtigsten Beispiele seien im Folgenden aufgeführt. Dazu zählt vor allem *rāa*, auch *rāya* (< Skt. *rājan*) „König“.

Kasus	Singular	Plural
Nom.	*rāyā*	*rāyāṇo*
Akk.	*rāyāṇaṁ*	*rāyāṇo*
Instr.		
Abl.	*raṇṇā,rāiṇā*	*rāīhi(ṁ)*
Gen.	*raṇṇo, rāiṇo*	*rāīṇa(ṁ)*
Lok.	*rāe*	
Vok.	*rāa(ṁ)*	

Für *appa* (< Skt. *ātman*) „Seele, Selbst" finden sich nur die folgenden Formen:

Nom.	*appā*
Akk.	*appāṇaṁ*
Instr.	*appaṇā*
Gen.	*appaṇo*

2.1.2. Deklination der Präsenspartizipien und besitzanzeigenden Adjektive

Bei den Präsenspartizipien und den besitzanzeigenden Adjektive wurde die Endung *-ant* durch *a* erweitert, also *balavant* > *balavanta*. Die Femininbildung erfolgt auf *-ī*. Zwei Beispiele mögen dies veranschaulichen; das erste steht für die Präsenspartizipien, das zweite für die besitzanzeigenden Adjektiva:

Kasus	Singular	Plural
Nom.	*bhavaṁ*	*bhayavaṁ*
Akk.	*bhavantaṁ*	*bhayavantaṁ*
Instr.	*bhavayā*	*bhayavayā*
Gen.	*bhavao*	*bhayavao*
Vok.	*bhavaṁ*	*bhayavaṁ*

Die Skt.-Stämme auf *-as*, *-is* und *-us* werfen den auslautenden Sibilant ab und kommen so auf eine vokalische Deklination.

2.1.3. Deklination der Pronomina

Während die Deklinationsmuster der Nomina einigermaßen überschaubar bleiben, weisen die Pronomina eine große Vielfalt auf, wie im Folgenden gezeigt wird.

Die Pronomina personalia, demonstrativa und interrogativa gleichen vielfach den Skt.-Formen, doch gibt es auch erhebliche Divergenzen. Wegen ihrer sprachstatistischen Häufigkeit sind die pronominalen Formen, besonders die Personalia, von großer Wichtigkeit.

An sich sind die Pronomina personalia bereits in die jeweiligen Verbalformen integriert. Doch werden sie gebraucht, wenn auf ihnen ein besonderer Nachdruck liegt. Selbstverständlich können die enklitischen Formen nicht am Satzanfang stehen.

Pronomina personalia

Pronomina personalia der 1. Person

Kasus	Singular	Plural
Nom.	*ahaṁ*	*amhe*
Akk.	*mamaṁ, maṁ*	*amhe, no*
Instr.	*mae, me, mayā*	*amhehiṁ*
Abl.	*mamāo*	*amhehiṁto*
Gen.	*mama, majjhaṁ, me*	*amhāṇaṁ*
Lok.	*mai, mamammi*	*amhesu*

Die Skt.-Formen sind besonders im Sg. noch gut erkennbar. Da kein Māhārāṣṭrī-Wort auf einen Konsonanten enden darf, muss sich die Māhārāṣṭrī im Abl. mit einer Erweiterung behelfen. Im Pl. fällt auf, dass der Nom. nicht dem sanskritischen *vayam*, sondern dem vedischen *asme* entspricht.

Pronomina personalia der 2. Person

Kasus	Singular	Plural
Nom.	*taṁ, tumaṁ*	*tumhe, tubbhe*
Akk.	*te, tumaṁ*	*tumhe, tubbhe*
Instr.	*tae, tume, tumae, te*	*tumhehi(ṁ)*
Abl.	*tumāhiṁto*	
Gen.	*tujjha(ṁ), tuha, te*	*tumhāṇa(ṁ), vo*
Lok.	*tumammi*	*tumhesu, tubbhesu*

Die 2. Person geht auf vedisches *tumám* zurück. Der Gebrauch der 2. Person entspricht unserem Duzen. Zur höflichen Anrede („Siezen") verwendet man die Formen von *bhavaṁ* (Skt. *bhavat*, Nom. *bhavān*), wobei das Verb in der 3. Person steht.

Pronomina personalia der 3. Person Singular

Kasus	masc.	fem.	neutr.
Nom.	*so*	*sā*	*taṁ*
Akk.	*taṁ*	*taṁ*	*taṁ*
Instr.	*teṇa(ṁ)*	*tāe, tīe*	*teṇa*
Gen.	*tassa*	*tāe, tīe*	*tassa*
Lok.	*tassiṁ, tammi*	*tāe, tīe*	*tassiṁ, tammi*

Pronomina personalia der 3. Person Plural

Kasus	masc.	fem.	neutr.
Nom.	*te*	*tāo, tā*	*tāiṁ*
Akk.	*te*	*tāo, tā*	*tāiṁ*
Instr.	*tehi(ṁ)*	*tāhi(ṁ)*	*tehi(ṁ)*
Gen.	*tesiṁ*	*tāsi(ṁ), tāṇaṁ*	*tesi(ṁ)*
Lok.	*tesu*	*tāsu*	*tesu*

Ähnlich dekliniert wie die Pronomina personalia werden

a) die **Pronomina demonstrativa:** masc. *eso*, fem. *esā*, neutr. *eaṁ* (< Skt. *etad*);

b) die **Pronomina relativa:** masc. *jo*, fem. *jā*, neutr. *jaṁ* (< Skt. *yad*);

c) die **Pronomina interrogativa:** masc. *ko*, fem. *kā*, neutr. kiṁ (< Skt. *kaḥ* etc.);

d) die **Pronomina indefinita**: masc. *kovi*, fem. *kāvi*, neutr. *kiṁpi*; masc. *koi,* fem. *kāi*, neutr, *kiṁci.*

2.1.4. Zur Deklination der Numeralia

Eine besondere Betrachtung erfordern die Numeralia; auch sie unterliegen der Deklination. Von den eigentlichen Numeralia, den Kardinalia, sollen hier nur diejenigen aufgeführt werden, die in der Literatur gelegentlich eine Rolle spielen:

1 *ega, ekka*
2 *do, du*
3 *ti*
4 *cau*
5 *pañca*
6 *cha*
7 *satta*
8 *aṭṭha*
9 *ṇava*
10 *dasa*
11 *egadasa*
12 *bārasa*
13 *terasa*
14 *caudasa*
15 *pannarasa*
16 *solasa*
17 *sattarasa*
18 *aṭṭhārasa*
19 *auṇavīsaṁ*
20 *vīsa, vīsaṁ*
30 *tīsaṁ*
40 *cattālīsaṁ*
50 *pannāsaṁ*
60 *saṭṭhī*

70 *sattari*	100 *saya*	100.000 *lakkha*
80 *asīi*	1.000 *sahassa*	
90 *ṇauī*	10.000 *ajuya*	

ega bildet alle drei Genera aus: *ega, egā, egaṁ*. Auch *ekka* wird wie ein Pronomen dekliniert. Der Plural *ekke* hat die Bedeutung „einige, manche". *do* ist aus Skt. *dvau* entstanden und wie *ti* ein Neutrum. Bei „vier" ist *cattāri* (Nom. und Akk.) die häufigste Form.

Die Zahlen von 19 bis 58 sind Neutra auf *-aṁ* oder Feminina mit *-ā* im Nom. Die Zahlen 59 bis 99 sind Neutra auf *-iṁ* oder Feminina mit *-ī* im Nom. *saya* und *sahassa* sind Neutra.

2.1.5. Komparation

Die Komparation verläuft ähnlich wie im Skt. Die Endungen sind *-tara* für den **Komparativ** und *-tama* für den **Superlativ**. Dabei müssen freilich die Lautgesetze beachtet werden; Beispiel: Skt. *priyatama* > *piaama*.

2.2. Konjugation

Die Konjugation weist gegenüber dem Skt. noch wesentlich stärkere Veränderungen auf als die Deklination. Die Veränderungen sind so stark, dass man fast von einem Zusammenbruch des sanskritischen Konjugationssystems sprechen könnte.

Die Wurzel ist – wie schon im Pāli – aus dem Sprachgefühl gänzlich geschwunden. An die Stelle der Wurzeln treten Verbalstämme. Der Verbalstamm ergibt sich aus der 3. Pers. Präs. Sg., aus der das auslautende *i* eliminiert wurde.

Wie schon bei den Nomina, gibt es auch bei den Verben keinen Dual mehr. Besonders verlustreich ist das Präteritum. Es gibt kein Augment mehr, wie es im Imperfekt und Aorist des Skt. vorhanden war. Auch die Reduplikation aus der 3. Präsensklasse und dem Perfekt des Skt. ist verschwunden. Es bleiben nur folgende Kategorien: Aktiv, Passiv, Präsens, Indikativ, Imperativ, Optativ, Futurum, Partizipien, Infinitiv, Absolutiv und Gerundivum. Dadurch wird das Verbum finitum beschränkt auf Präsens, Imperativ, Optativ und Futurum.

Die zehn Präsensklassen, die weitgehend die sanskritische Konjugation prägen, existieren nicht mehr. Bis auf wenige Reste ist auch das Ātmanepada verschwunden. Es verbleiben nur mehr drei Konjugationen:

(1) *a*-Klasse. Dazu zählen die meisten einfachen Verben.
(2) *e*-Klasse. Zu diesen zählen die Kausativa, Denominativa und einige spezielle Verben wie *suṇemi* und *karemi*.
(3) Hierzu zählen die Verben auf *-ā* und *-o*. Es sind dies aber so wenige, dass es fraglich ist, ob sie eine eigene Klasse bilden.

Wie bereits erwähnt, ist das Präteritum von der allgemeinen Degradation der Konjugation am schwersten betroffen. Da Perfekt, Imperfekt und die Aoriste nicht mehr existieren, kann die Vergangenheit nur noch durch ein Partizip mit oder ohne Hilfsverb ausgedrückt werden.

Eingesetzt hat diese Degradation mit dem Perfekt, das als erstes aus der Sprache verschwand. Die Ursache hierfür ist nachvollziehbar. Das sanskritische Perfekt bot derart große Schwierigkeiten, dass offenbar schon die damaligen Sprecher damit ihre Probleme hatten. (Auch heute dürfte eine Form wie *jagmatuḥ* nicht von jedem Indologen sofort erkannt werden.)

Einmal in Gang gekommen, nahm die Verarmung schnell zu. Als nächstes verschmolzen das Imperfekt und die Aoriste. Die Zahl der Präsensklassen ging zurück. Es setzte sich die Tendenz durch, die Zahl der Konjugationen zu minimieren. Übrigens fand diese Tendenz auch in der Māhārāṣṭrī keinen Abschluss, sondern setzte sich weiter fort. Im späten Prākr̥t, dem Apabhraṁśa, war das „Endziel" erreicht; hier gibt es nur noch eine einzige Konjugation.

2.2.1. Konjugation der *a*-Klasse

Präsens Indikativ Aktiv der *a*-Klasse(mit dem Paradigma *pucchai* „fragen")

	Singular	Plural
1. Person	*pucchāmi*	*pucchāmo*
2. Person	*pucchasi*	*pucchaha*
3. Person	*pucchai*	*pucchanti*

Die Skt.-Vorformen sind hier noch überall erkennbar. Zu beachten ist die 3. Pers. Sg. Diese Form endet keineswegs auf einen Diphthong, sondern ist das Resultat der nach den Lautgesetzen erfolgten Elision des intervokalischen *t* (Skt. *pr̥cchati*). Die 1. Pers. Pl. hat lautgesetzlich die Skt.-Endung *-aḥ* in *-o* umgewandelt. Die 2. Pers. Pl. erinnert daran, dass Aspirata nur die Aspiration zurückbehalten.

Imperativ der *a*-Klasse

	Singular	Plural
1. Person	*pucchāmu, pucchāmi*	*pucchāmo, pucchamha*
2. Person	*puccha, pucchasu*	*pucchaha*
3. Person	*pucchau*	*pucchantu*

Auch hier ist zu beachten, dass die 3. Pers. Sg. nicht auf einen Diphthong endet. In der 2. Pers. Sg. geht die Endung *-su* auf sanskritisches mediales *-sva* zurück.

Optativ der *a*-Klasse

	Singular	Plural
1. Person	*pucchejjā, pucchejjāmi*	*pucchejjāmo*
2. Person	*pucchejjāsi*	*pucchejjaha*
3. Person	*pucchejjā, pucchejja*	*pucchejjā, pucchejja*

Futurum der *a*-Klasse

Das Futurum der *a*-Klasse wird mit Hilfe des sanskritischen Infixes *-sya-* (mit Assimilation) gebildet, hat aber auch eigene Formen hervorgebracht.

	Singular	Plural
1. Person	*pucchissaṁ, pucchissāmi*	*pucchissāmo, pucchihāmo*
2. Person	*pucchissasi, pucchihisi*	*pucchissaha*
3. Person	*pucchissai, pucchihii*	*pucchissanti, pucchihinti*

Die Konjugation der *e*-Klasse (*e* ist Saṁprasāraṇa aus Skt. *-aya-*) weicht von der der *a*-Klasse nur in unbedeutendem Maße ab.

Wie bereits erwähnt, kommt das Medium nur in Resten vor, wenngleich etwas häufiger als in der Śaurasenī.

Präsens Medium der *a*-Klasse (mit dem Paradigma *jāṇai* „benachrichtigen, mitteilen")

	Singular	Plural
1. Person	*jāṇe*	
2. Person	*jāṇase*	
3. Person	*jāṇe*	*jāṇante*

2.2.2. Konjugation der *e*-Klasse

Präsens Indikativ Aktiv der *e*-Klasse (mit dem Paradigma *kahei* „erzählen“)

	Singular	Plural
1. Person	*kahemi*	*kahemo*
2. Person	*kahesi*	*kaheha*
3. Person	*kahei* (< Skt. *kathayati*)	*kahenti*

Imperativ der *e*-Klasse

	Singular	Plural
1. Person	*kahemi*	*kahemo, kahemha*
2. Person	*kahehi*	*kaheha*
3. Person	*kaheu*	*kahentu*

Die Endung *-hi* in der 2. Pers. Sg. ist ein Überbleibsel aus der athematischen Konjugation des Skt.

Optativ der *e*-Klasse

	Singular	Plural
1. Person	*kahejjā, kahejjāmi*	*kahejjāmo*
2. Person	*kahejjāsi, kahejjāsu*	*kahejjaha*
3. Person	*kahejjā, kahejja*	*kahejjā, kahejja*

Futurum der *e*-Klasse

	Singular	Plural
1. Person	*kahissāmi, kahehāmi*	*kahehāmo*
2. Person	*kahehisi*	
3. Person	*kahehii*	*kahehinti*

Präsens Indikativ Passiv der *e*-Klasse

Das Präsens Indikativ Passiv der *e*-Klasse wird durch das Infix *-ijja-* gebildet, wie das folgende Beispiel zeigt:

	Singular	Plural
1. Person	*pucchijjāmi*	*pucchijjāmo*
2. Person	*pucchijjasi*	*pucchijjaha*
3. Person	*pucchijjai*	*pucchijjanti*

Hervorzuheben ist, dass das Passiv – anders als im Skt. – keine medialen Endungen hat.

2.2.3. Partizipien

Partizip Präsens

Masc.	Fem.	Neutr.
pucchanto	*pucchantā*	*pucchantaṁ*

Partizip Futurum

Masc.	Fem.	Neutr.
pucchissanto	*pucchissantā*	*pucchissantaṁ*

Partizip Präteritum Passiv

Unter den Tempora der Māhārāṣṭrī ist das Präteritum das Stiefkind. Verwunderlich ist das nicht; auf die Degradation der präteritalen Tempora wurde bereits eingegangen. Doch wusste die Sprache sich zu helfen: Schon im R̥gveda begann ein mit dem PPP gebildetes periphrastisches Präteritum, das sich in Kombination mit den Hilfszeitwörtern *as* und *bhū* im Skt. weiter ausbreitete. Das PPP wurde (mit oder ohne Hilfszeitwort) als finites Verb aufgefasst. Beispiele aus der Māhārāṣṭrī: *saṁpūjio* (< Skt. *saṁpūjitaḥ*) „er wurde geehrt"; *ārovio* (< Skt. *āropitaḥ*) ist ein PPP von *ārovei*, dem Kausativum von *aruhai*, „er wurde veranlasst zu besteigen".

Wie sich noch zeigen wird, ist das präteritale Passivpartizip (PPP) von größter Wichtigkeit. Die Skt.-Endung ist *-ta* (lat. *-tus*), manchmal auch *-na*. In sehr vielen Fällen ist die Bildung aber schon im Skt. unregelmäßig, und in der Māhārāṣṭrī wird diese Unregelmäßigkeit durch die Lautwandlungsgesetze noch verstärkt. Das regelmäßige PPP endet auf *-ya*; Beispiel: *pucchiya*. Wegen der Bedeutung der PPP ist es erforderlich, hier einige von ihnen anzuführen; in Klammern wird die sanskritische Vorform beigegeben:

pucchiya (< *pr̥ṣṭa*), *gaa* / *gaya* (< *gata*), *gahia* (< *gr̥hīta*), *kaa* / *kaya* (< *kr̥ta*), *jāa* / *jāya* (< *jāta*), *jia* / *jiya* (< *jita*), *ṭhia* (< *sthita*), *ṇāa* (< *jñāta*), *ṇīya* (< *nīta*), *āṇia* (< *ānīta*), *sua* (< *śruta*), *haya* (< *hata*), *hūa* (< *bhūta*), *lagga* (< *lagna*), *naṭṭha* (< *naṣṭa*), *sitta* (< *sikta*), *khitta* (< *kṣipta*), *tuṭṭha* (< *tuṣṭa*), *iṭṭha* (< *iṣṭa*), *bhutta* (< *bhukta*), *gīya* (< *gīta*), *laddha* (< *labdha*).

2.2.4. Hilfszeitwort

Das Hilfszeitwort *as* bildet die folgenden Formen. Mit Ausnahme von *atthi* sind sie enklitisch.

Singular		Plural
1. Person	*mhi*	*mho*
2. Person	*si*	*ttha*
3. Person	*atthi*	*santi*

Die Formen *āsi* und *āsī* sind aus dem Skt.-Imperfekt *āsīt* entstanden und gelten für alle Personen und Numeri der Vergangenheit.

2.2.5. Kausativum

Wie bereits erwähnt, wird das Kausativum nach sanskritischem Vorbild gebildet, also durch *-aya-*, das zu *-e-* wird, oder durch *-paya-*, das zu *-ve-* wird. Beispiele: Skt. *kārayati* > *kārei*; *hāsayati* > *hāsei*; *puccha* bildet *pucchāvemi*.

2.2.6. Gerundivum

Das Gerundivum ist ein Partizip des Futurums, seiner Bedeutung nach jedoch ein Participium necessitatis; es verweist auf etwas, was getan werden muss oder geschehen soll. Die Endungen sind von denen des Skt. abgeleitet und lauten entweder *-yavva* (< *-tavya*) oder *-aṇijja* (< *-anīya*). *puccha* kann also sowohl *pucchiyavva* als auch *pucchaṇijja* bilden. Ableitungen aus Skt. *kr̥* sind *karaṇijja*, aber auch *kajja* (< *kārya*).

2.2.7. Gerundium

Mit dem Gerundivum nicht zu verwechseln ist das Gerundium. In der Indologie hat sich dafür der Terminus **Absolutiv** durchgesetzt. Diese im Verlauf der Sprachgeschichte immer wichtiger gewordene Kategorie umschreibt man in der Übersetzung mit „nachdem“. Das betreffende Skt.-Suffix *-tvā* findet in den Prākr̥ts keine massive Fortsetzung. Schon in der Ardhamāgadhī hat sich neben *-ttā* das Suffix *-ūṇa* herausgebildet, das in der Māhārāṣṭrī dominiert; Beispiel: *pucchiūṇa*.

2.2.8. Infinitiv

Der Infinitiv hat die aus dem Skt. abgeleitete Endung *-uṁ*, wobei natürlich stets die Lautgesetze zu berücksichtigen sind. Beispiele: *pucchiuṁ* (< Skt. *praṣṭum*), *kāuṁ* (< Skt. *kartum*), *daṭṭhuṁ* (< Skt. *draṣṭum*); *dāūṁ* (< Skt. *dātum*), *souṁ* (< Skt. *śrotum*).

2.2.9. Verbalpräfixe

Viele Verben erscheinen nicht für sich allein, sondern in Verbindung mit einem Präfix. Häufig modifizieren die Präfixe in hohem Maße die Grundbedeutung des betreffenden Verbs. Es folgt eine Liste der wichtigsten Präfixe:

ai- (< *ati-*) „über ... hinaus, entlang“
aṇu- (< *anu-*) „nach, hinterher, entlang“
abhi- (<*abhi-*) „gegen, zu“
ava- (< *apa-*) „herunter, weg“
ā- (< *ā-*) „herbei, her“
ud- (< *ud-*) „empor, hinaus“
uva- (< *upa-*) „herzu, hin, gegen“
dus- (< *dus-*) „übel, schlecht“
ṇi- (< *ni-*) „nieder, hinein“
ṇis- (< *nis-*) „weg“
o- (< *ava-*) „hinunter“
pa- (< *pra-*) „vorwärts, hervor“
pari- (< *pari-*) „um ... herum“
paḍi- (< *prati-*) „entgegen, zurück“
vi- (< *vi-*) „auseinander, zer-, weg“
saṁ- (< *sam-*) „zusammen“
su- (< *su-*) „gut, wohl, sehr“

Die Präfixe *pa-* und *saṁ-* bewirken dabei oft gar keine Modifikation oder nur eine leichte Verstärkung.

2.3. Syntax

2.3.1. Wortstellung

Die Satzlehre der Māhārāṣṭrī bietet keine besonderen Schwierigkeiten. Über die Wortstellung sollen hier einige Grundsätze dargelegt werden. Bei aktivischer Konstruktion ist die Reihenfolge: Subjekt – Objekt – Prädikat. Bei passivischer Konstruktion gilt: Instrumental – Subjekt – Prädikat. Ein Pron. interr. steht am Satzanfang und ein Akkusativobjekt vor dem Verb. Bei lebhafter Erzählung kann das Verbum am Satzanfang stehen. Der Genitiv steht vor dem regierenden Wort; doch gibt es von dieser letzteren Regel Ausnahmen, wenn etwa auf dem regierenden Wort ein besonderer Nachdruck liegt.

2.3.2. Verben

Tempora

Die Tempora sind bereits besprochen worden. Das Präsens, das die unmittelbare Gegenwart bezeichnet, hat in der 1. Pers. Sg. und Pl. oft die Bedeutung des Wollens oder Sollens und agiert dann als Imperativ. Viel gebraucht ist das erzählende Präsens, das dann präteritale Bedeutung hat. (Das Präsens narrativum gibt es auch im Deutschen; Beispiel: „Ich komme gerade noch zur Abfahrtszeit zum Bahnhof, da sehe ich, dass der Zug gerade abfährt.“)

Schon mehrfach wurde auf die enorme Bedeutung des präteritalen Passivpartizips (PPP) hingewiesen, bietet es doch fast die einzige Möglichkeit, die Vergangenheit darzustellen. Beispiele: *pacchā rannā cintiyaṁ* „danach überlegte der König“; *annayā bhūyadinneṇa viṇṇāyaṁ* „einst erkannte Bhūtadinna“; *kumbhayāre gāmaṁ annaṁ gao āsi* „der Töpfer begab sich in ein anderes Dorf“ (hier die schon erwähnte Konstruktion mit *āsi*).

Modi

Die Modi sind nur durch den Indikativ und den Optativ vertreten. Der Optativ kann einen Wunsch, eine Möglichkeit oder eine höfliche Aufforderung ausdrücken.
Der Imperativ ist die einfache Befehlsform.

2.3.3. Nomina

Artikel

Einen bestimmten Artikel gibt es nicht. Statt seiner wird, wenn erforderlich, ein Demonstrativpronomen verwendet. Der unbestimmte Artikel wird (aber auch nur dann, wenn es erforderlich ist) durch *ega* ausgedrückt.

Kasus

Der **Nominativ** antwortet auf die Fragen „wer?“ oder „was?“ Er bezeichnet das Subjekt.

Der **Akkusativ** antwortet auf die Fragen „wen?“ oder „was?“, gelegentlich auch auf die Frage „wohin?“, und ist dann ein Akkusativ der Richtung. Der Akkusativ bezeichnet das nahe, direkte Objekt der transitiven Verben. Mitunter tritt auch ein doppelter Akkusativ auf: *so taṁ puttaṁ pucchai* „er fragt ihn nach dem Sohn“.

Der **Instrumental** bezeichnet Mittel, Werkzeug, aber auch Begleitung. Er antwortet auf die Fragen „wodurch?“, „womit?“ Drückt er eine Begleitung aus, fungiert er als Komitativ. Oft wird er dann mit *saha* „mit“ verbunden. In einer passivischen Konstruktion bezeichnet der Instrumental das Subjekt. Dieser Kasus kann auch Adverbien bilden: *kameṇa* „alllmählich“, *kiccheṇa* „mühevoll“, *suheṇa* „angenehm“.

Der **Dativ** bezeichnet das indirekte Objekt. In der Māhārāṣṭrī antwortet er jedoch allenfalls auf die Frage „wozu?“ Er ist also nur noch mit einem Zweck verbunden. Ansonsten nimmt seine Stelle der Genitiv ein.

Der **Ablativ** bezeichnet den Ausgangspunkt und antwortet auf die Frage „woher?“; z. B.: *nagarāo* (< Skt. *nagarāt*) „aus der Stadt“. (Hierbei sei daran erinnert, dass die Māhārāṣṭrī im Wortauslaut nur Vokale und den Anusvāra duldet.) Im Übrigen steht der Ablativ bei Verben, wie „sich fürchten", „befreien" und „unterliegen". Im Plural ist dieser Kasus selten; hier stehen an seiner Stelle meist der Genitiv oder der Instrumental. Er findet auch bei Vergleichen Verwendung.

Der **Genitiv** spielt in der Māhārāṣṭrī eine große Rolle. Er antwortet auf die Frage „wessen?" und übernimmt die Funktion des Dativs, besonders in der Verbindung mit der Präposition „für". Eine wichtige Funktion hat der Genitiv auch insofern, als er das Wort „haben" ausdrücken kann, wie die folgenden Beispiele zeigen: *kiṁ ṇatthi mama, jaṁ annarāīṇaṁ atthi* „was habe ich nicht, was andere Könige haben?"; *tassa rāiṇo satta taṇayā jāyā* „diesem König wurden sieben Söhne geboren"; *rāiṇo cattāri mittā āsi* „der König hatte vier Freunde". Zudem regieren zahlreiche Prä- und Postpositionen den Genitiv.

Der **Lokativ** antwortet auf die Frage „wo?", mitunter auch auf die Frage „wohin?" Er kann aber auch einen Zustand ausdrücken. Der **Locativus absolutus** ist im Mittel-Indoarischen sehr verbreitet. Erinnert sei an die stereotype Pāli-Phrase: *Atīte Bārāṇasiyaṁ Brahmadatte rajjaṁ karente* ... Er ist auch in der Māhārāṣṭrī vertreten; Beispiele: *Mūladeve paviṭṭhe* „als Mūladeva eintrat"; *akāraṇe kuddho* „grundlos erzürnt".

Der **Vokativ** wird zur Anrede gebraucht.

2.3.4. Komposita

Komposita, die im Skt. eine so überaus große Rolle spielen, haben sich auch im Mittel-Indoarischen erhalten. Hier finden sich noch: Dvandva, Karmadhāraya, Tatpuruṣa und Bahuvrīhi. Im späten Mittel-Indoarischen verschwindet das Avyayībhāva-Kompositum.

Generell lässt sich sagen, dass Komposita im Pāli und in der Ardhamāgadhī noch von großer Bedeutung sind, die aber im späteren Mittel-Indoarischen schnell nachlässt. Dies trifft auch auf die Māhārāṣṭrī zu. Gerade hier werden die Komposita durch die radikalen Lautumwandlungen häufig „zersetzt". Da zudem der Māhārāṣṭrī der Dual fehlt, kann sich der eigentliche Dvandva nicht entfalten. Hier gibt es vielmehr die Tendenz des **Samāhāra**, also der Herausarbeitung eines kollektiven Singulars. Beim Karmadhāraya wiederum herrscht die Tendenz, einen etwaigen Eigennamen als Vorderglied zu positionieren.

Tatpuruṣa-Komposita kommen in allen Kasus vor, und auch die Bahuvrīhi-Komposita sind durchgängig vorhanden.

2.3.5. Adjektive

Adjektive stehen vor dem zugehörigen Substantiv und stimmen mit diesem in Numerus, Genus und Kasus überein.

2.3.6. Adverbien

Jedes Adjektiv kann als Adverb fungieren; dazu muss es die Endung des Akk. Sg. Neutr. annehmen. Die Zahl der Adverbien ist recht umfangreich. Sie finden so häufig Verwendung, dass man sich die wichtigsten von ihnen einprägen sollte.

Lokaladverbien:
ettha, iha „hier"; *tattha* „dort"; *jettha* „wo?" (relativ); *kiha* „wohin?"; *kattha, kahiṁ* „wo?", „wohin?"; *etto* „von hier"; *ta, tatto* „von dort"; *katto* „von wo?", „woher"; *annattha* „woanders"; *savvattha* „überall"; *savvao* „von allen Seiten"; *diso disiṁ* „überallhin"; *uddhaṁ* „oben"; *bāhiṁ* „außerhalb"; *egante* „abseits"; *antarā* „unterwegs".

Temporaladverbien:
ettāhe, iyāṇiṁ „jetzt"; *tā, tao, to, tāhe* „dann"; *kāya* „wann?"; *jāva – tāva* „während – da"; *kayāi* „irgendwann"; *annayā* „ein andermal"; *pacchā* „nachher"; *kallaṁ* „gestern"; *purā* „früher"; *paidiṇaṁ* „täglich"; *ṇiccaṁ, sayā* „immer, ständig"; *sahasā* „plötzlich".

Modale Adverbien:
na, nā „nicht", *tahā, evaṁ* „ja"; *viya, va* „wie"; *annahā* (< Skt. *anyathā*) „auf andere Weise"; *samaṁ* „zusamnen"; *ṇiyameṇa* „bestimmt, gewiss"; *seyaṁ* „besser", *kevalaṁ* „nur"; *a-kāraṇeṇa* „grundlos"; *itthaṁ* „so"; *kahaṁ* „wie?"; *kahavi* „irgendwie"; *aīva, ahiyaṁ* „sehr"; *maṇāgaṁ* „wenig"; *pakāmaṁ* „nach Wunsch"; *saṇiyaṁ, kameṇa* „allmählich", *bahuso* „vielfach".

2.3.7. Präpositionen

Präpositionen können (als Präfixe) mit Verben, aber auch mit Nomina verbunden sein. Die meisten Präpositionen sind eigentlich Adverbien und müssten ihrer Stelle nach als **Postpositionen** bezeichnet werden. Häufig regieren sie den Genitiv.

Den **Genitiv** regieren: *purao* „vor"; *uvari* „über"; *parao* „jenseits"; *aṭṭhā, aṭṭhāe, kajje, kajjeṇa* „wegen"; *pachao* „hinter"; *heṭṭhā* „unter"; *abbhantare* „innerhalb"; *bāhiṁ* „außerhalb"; *antie, pāse* „bei, zu"; *samīvaṁ* „nahe"; *paccakkhaṁ* „in Gegenwart von"; *saṁmuhaṁ* „entgegen".

Den **Instrumental** regieren: *viṇā* „ohne"; *saddhiṁ, saha* „mit".

Den **Akkusativ** regieren: *viṇā* „ohne" (das aber auch den Instrumental regiert); *pai* „nach"; *mottuṁ* „außer"; *gahāya* „mit".

Den **Ablativ** regiert: *ārabbha* „seit".

2.3.8. Konjunktionen

Konjunktionen sind von Adverbien nicht immer scharf zu trennen. Recht häufig vorkommende Konjunktionen sind:

ca, ya „und" (*ca* verbindet nur Wörter, keine Sätze); *pi, vi, avi* „auch"; *puṇa, uṇa* „aber"; *kiṁ tu* „jedoch"; *vā, ahavā* „oder"; *hi* „denn, nämlich"; *tahavi* „dennoch"; *eva, viya* „eben"; *ṇūṇaṁ* „wahrlich"; *jeṇa* „weil"; *tamhā* „darum, deshalb"; *tahā hi* „nämlich"; *kīsa* „warum?".

2.3.9. Interjektionen

Interjektionen werden verständlicherweise weniger in der religiösen Literatur, als vielmehr in den Dramen verwendet.

Beispiele: *aho, ahaha, dhī* „o weh!"; *bho, are* „hallo!"; *dhir-atthu* (mit Genitiv) „pfui (über …)!"; *alaṁ* (mit Instrumental) „genug (mit)!"; *ṇamo* (mit Genitiv) „Heil!, Verehrung!"

Teil II. Wörterbuch Māhārāṣṭrī – Deutsch

1. Hinweise für die Benutzung

Der Gebrauch des *y* ist schwankend und konzentriert sich auf die Jaina-Māhārāṣṭrī. Im vorliegenden Wörterbuch wird traditionell nach dem Schema *y* – *r* – *l* – *v* alphabetisiert.

Schwankend ist auch die Unterscheidung von *n* und *ṇ*. Wie bereits erwähnt, findet initial hier nur das *ṇ* Verwendung.

In Verbindung mit Verschlusslauten desselben *varga* werden die Nasale *ṅ*, *ñ*, *ṇ*, *n*, *m* durch den Anusvāra vertreten.

2. Das Māhārāṣṭrī-Stichwort

Die Stichwörter sind streng alphabetisch geordnet. Wie schon in der Einführung bemerkt, ist allerdings zu berücksichtigen, dass die Textüberlieferung nicht einheitlich ist. Besonders oft wechseln **ia** und **iya**. Stichwörter, ihre Ableitungen und Wendungen erscheinen in **fetter** Schrift. Die Tilde ~ ersetzt das Stichwort innerhalb von Beispielen und Wendungen. Die Form -/~ bzw. ~/- deutet an, dass ein Stichwort als Schluss- bzw. Vorderglied eines Kompositums auftritt.

Homonyme werden als verschiedene Stichwörter behandelt und durch hochgestellte arabische Ziffern vor dem Stichwort gekennzeichnet.

Beispiel: [1]**pai** *Präp mit Akk* <prati> nach, gegen, hin
[2]**pai** *m* <pati> Herr, Gatte

Verschiedene Wortarten bei gleichlautenden Wörtern werden durch **fette** römische Ziffern bezeichnet.

Beispiel: **addha I.** *Adj* <ardha> halb; **II.** *m*, *n* Hälfte

Bei Substantiven einschließlich aller Komposita wird das Genus angegeben. Sind Genusvarianten vorhanden, finden diese Erwähnung. Nicht immer sind Wortarten (etwa Adjektiv oder Substantiv) oder Genera (Masc. oder Neutr.) mit Sicherheit zu unterscheiden.

Das *a-* (*aṇ-*)privativum ist als zusätzliche Information durch einen Bindestrich abgeteilt; Beispiel: *aṇ-ega*, *aṇ-eya*.

Wie bereits erwähnt, erscheinen die Verben in der Form der 3. Person Singular Präsens. In bestimmten Fällen ist auch das präteritale Passivpartizip aufgeführt. Auch die mit einem Präfix versehenen Verben unterliegen – anders als im Sanskrit – einer strikten Alphabetisierung.

Bei allen Stichwörtern wird, wo es möglich war, die Sanskrit-*chāyā* in Winkelklammern gegeben. Wegen der zahlreichen Konsonantenelisionen ist die *chāyā* aber noch viel schwieriger als etwa im Pāli zu eruieren und nicht in allen Fällen mit letzter Sicherheit zu bestimmen. Der Charakter des Wörterbuches ließ es verständlicherweise nicht zu, diesbezüglich noch offene bzw. kontroverse Standpunkte zu diskutieren.

3. Das deutsche Äquivalent

Beim Verb ist im Zweifelsfall Transitivität oder Intransitivität bezeichnet. Beispiele: verbrennen *intr*, kochen *tr u. intr*.

Unterschiedliche Bedeutungen werden durch arabische Ziffern bezeichnet. Beispiel: 1. hinterer; 2. letzter.

Das Äquivalent kann näher bestimmt werden durch *kursiv* voranstehende Angaben (Stützwörter) von Subjekt, Objekt oder Sachgebieten.
Beispiele: *Halbmonat* zehnter Tag; *Mund* Ausspülen; *Ort* einsam, verlassen.

Existiert zu einem Māhārāṣṭrī-Wort kein echtes bzw. sicheres Äquivalent, wird eine *kursiv* stehende Erläuterung bzw. Umschreibung angegeben.
Beispiel: **āojja** *n ein Musikinstrument*.

Kursiv erscheinen:
a) alle Begriffe aus der Grammatik (Genus, Kasus, Tempus usw.);
b) alle Abkürzungen;
c) alle Stützwörter;
d) zusätzliche Erklärungen.

a

a *Konj* <ca> 1. und; 2. auch

ai (~/-) <ati> sehr, überaus

aikkamai <atikram> vorübergehen; *PPP* **aikkanta**

aigaya *Adj PPP* <atigata> hinübergelangt, angekommen

aigacchai <atigam> vorübergehen, ankommen; *PPP* **aigaya**

aiṇīa *Adj PPP* <atinīta> hinübergeführt

aidūra *Adj* <atidūra> sehr weit

aireṇa *Adv Instr* <acireṇa> bald

aisayaṁ *Adv* <atiśayam> mehr, überaus

aīi <ati-i> vorübergehen

aīya *Adj PPP* <atīta> vergangen

aīva *Adv* <atīva> höchst, sehr

auvva *Adj* <apūrva> unvergleichlich, noch nicht dagewesen

ao *Adv* <atas> 1. von da; 2. darum

aṁka *m* <aṅka> Mal, Zeichen

aṁkusa *m* <aṅkuśa> Treibstachel

aṁga *n* <aṅga> Körper, *Anat* Glied

aṁgaṇa *n* <aṅgaṇa> Hof

aṁgikarei <aṅgīkaroti> sich zu eigen machen, zugestehen, zusagen

aṁgula *m*, *n* <aṅgula>, **aṅguli** *f* <aṅguli> Finger

[1]**aṁta** *m* <anta> Ende

[2]**aṁta** *Adj* <antya> 1. letzter; 2. niedrigster, unterster

aṁtakkaraṇa *n* <antaḥkarana> 1. Bewusstsein; 2. Gewissen

aṁtara *n* <antara> Unterschied, Besonderheit

aṁtaragaya *Adj PPP* <antargata> hineingekommen, befindlich (in)

aṁtaravāsa *m* <antarvāsa> Unterkunft

aṁtarā *Adv* <antarā> 1. dazwischen; 2. unterwegs

aṁtarāla *n* <antarāla> 1. Zwischenraum; 2. Zwischenzeit

aṁtariya *Adj PPP* <antarita> verborgen

aṁtareṇa <antareṇa> **I.** *Postp mit Akk* ohne; **II.** *Adv* dazwischen, innerhalb

aṁtiya *n* <antika> Nähe

aṁteura *n* <antaḥpura> Harem

aṁdha *Adj* <andha> 1. blind; 2. trübe, dunkel; 3. töricht

aṁdhyāriya *Adj PPP* <andhakārita> verfinstert, verdunkelt

aṁba *m* <āmra> Mango

aṁbara *n* <ambara> Gewand

aṁbā *f* <ambā> Mutter

aṁsa *m* <aṁsa> Schulter
aṁsu *n* <aśru> Träne; **~vāda** *m* <aśru-pāta> Tränenfall
a-kaaṇṇua *Adj* <akr̥tajña> undankbar
a-kaṁḍa *Adj* <akāṇḍa> unerwartet, plötzlich
a-kajja *Adj* <akārya> nicht zu tun, schändlich
a-kaya *Adj PPP* <akr̥ta> nicht getan, unerledigt
a-karuṇa *Adj* <akaruṇa> mitleidlos
a-kalaṁka *Adj* <akalaṅka> fleckenlos, makellos
a-kahaṇijja *Adj Ger* <akathanīya> nicht zu erzählen, nicht wiederzugeben
a-kāraṇa <akāraṇa> **I.** *Adj* grundlos; **II.** *n* keine Ursache
a-kiṁcaṇa *Adj* <akiṁcana> besitzlos, arm
a-kusala *n* <akuśala> Unheil
akkaṁta *Adj PPP* von **akkamai** ergriffen, befallen
akkamai <ākram> angreifen, betreten; *PPP* **akkanta** <ākrānta>
akkhara *n* <akṣara> Buchstabe; Silbe
akkhāṇaya <ākhyānaka> Erzählung
akkhi *n* <akṣi> Auge
akkhitta *Adj PPP* <ākṣipta> festgenommen, gefesselt, geraubt
akhila *Adj* <akhila> lückenlos, ganz
agaḍa *m* (Deśī) Brunnen
agaru *m*, *n* <aguru> Aloeholz
agga *n* <agra> Anfang, Spitze, Höchstes
aggao *Adv* (*mit Gen*) <agratas> 1. vorn, vor; 2. zuerst
aggala *m*, *n* <argala> Riegel
aggahattha *m* <agrahasta> Finger
aggi *m* <agni> Feuer
aggima *Adj* <agrima> vorderster
aggha *Adj* <argha> wertvoll
a-ciṁtaṇīya *Adj Ger* <acintanīya> undenkbar
a-ciṁtiya *Adj PPP* <acintita> unerwartet
accaṁta *Adv* <atyanta> höchst, überaus, übermäßig
accaṇa *n* <arcana> Verehrung
accha *n* <akṣa> Auge
acchai <ās> sitzen; 2. sich setzen; 3. bleiben, verweilen; 4. zögern
accharā *f* <apsaras> Nymphe
acchi *n* <akṣi> Auge
accheraya *Adj* <āścaryaka> wunderbar
ajuya *m*, *n* <ayuta> die Zahl 10^4
a-jeya *Adj* <ajeya> unbesiegbar
[1]**ajja** *Adv* <adya> heute; jetzt; **~pabhīiṁ** <~prabhr̥ti> von jetzt an
[2]**ajja** *Adj* <ārya> ehrenhaft, edel

ajjaya *m* <āryaka> Großvater
ajjava *n* <ārjava> Redlichkeit
ajjā *f* <āryā> edle Dame
ajjhatthiya <adhyātmika> **I.** *Adj* geistig, seelisch; **II.** *m* Gedanke
ajjhavasāṇa *n* <adhyavasāna> Entschluss, Vorsatz
ajjhahiya *Adj* (*mit Gen*) <adhyadhika> überlegen
ajjhāhaya *Adj PPP* <adhyāhata> getroffen
ajjhovavaṇṇa *Adj PPP* <adhyupapanna> 1. vorhanden; 2. schuldig
aṭṭa *Adj* <ārta> betroffen, bekümmert
aṭṭahāsa *m* <aṭṭahāsya> Gelächter
[1]**aṭṭha** *Adj* <aṣṭan> acht
[2]**aṭṭha** *m* <artha> Bedeutung, Sinn, Zweck
aṭṭhama *Adj* <aṣṭama> achter
aṭṭhā *Postp* (*mit Gen*) <arthāt> (-/~) für, wegen, um ... willen
aṭṭhāe *Postp* (*mit Gen*) <arthāya> (-/~) für, wegen, um ... willen
aṭṭhārasa *Adj Num* <aṣṭādaśan> achtzehn
aṭṭhi *n* <asthi> Knochen
aḍa *m* <taṭa> Ufer
aḍavī *f* <aṭavī> Wald
aḍḍhamāsa *Adj* <ardhamāsa> halbmonatlich
aḍḍharatta *m* <ardharātra> Mitternacht
aṇ-aṁta *Adj* <ananta> unendlich
aṇ-agāra *m* <anagāra> *Jin* (hausloser) Wandermönch
aṇ-ajja *Adj* <anārya> unehrenhaft
aṇ-attha *m* <anartha> 1. Unglück; 2. Unsinn
aṇ-anna *Adj* <ananya> 1. kein anderer; 2. nicht verschieden (von)
aṇala *m* <anala> Feuer
aṇ-avaraya *Adj PPP* <anavavrata> unaufhörlich, ununterbrochen
aṇ-avarāhi *Adj* <anaparādhin> unschuldig
aṇ-asaṇa *n* <anaśana> Nichtessen, Fasten
aṇ-āiya *Adj* <anādika> anfanglos
a-ṇiada *Adj PPP* <aniyata> 1. unsicher, unbestimmt; 2. unbeschränkt
a-ṇicca *Adj* <anitya> unbeständig, vergänglich
a-ṇivāriya *Adj PPP* <anivārita> ungehindert
aṇuūla *Adj* <anukūla> geeignet, günstig
aṇukaṁpā *f* <anukampā> Mitleid
aṇukāri *Adj* <anukārin> nachahmend, gleichend
aṇukkameṇa *Adv Instr* <anukrameṇa> der Reihe nach
aṇugacchai <anugacchati> hinterher gehen, folgen
aṇugāri *Adj* <anukārin> nachahmend, gleichend
aṇuggaha *m* <anugraha> Gunsterweisung
aṇuggahia *Adj PPP* <anugr̥hīta> 1. gebilligt; 2. beglückt

aṇuciṭṭhai <anutiṣṭhati> 1. nachahmen; 2. betreiben, durchführen; *PPP* **aṇuciṭṭhiya, aṇuṭṭhiya**
aṇujattā *f* <anuyātrā> 1. Gefolge; 2. Weggang, Abreise
aṇuṭṭhāṇa *n* <anuṣṭhāna> Ausführung, Verrichtung
aṇuṭṭhiya *PPP* von **aṇuciṭṭhai**
aṇuṇaya *m* <anunaya> Freundlichkeit, Versöhnung
aṇudiahaṁ *Adv* <anudivasam> Tag für Tag, täglich
aṇupatta *Adj PPP* <anuprāpta> erreicht, erlangt
aṇubaṁdha *m* <anubandha> Verbindung, Zusammenhang
aṇubhāva *m* <anubhāva> Macht, Würde
aṇubhūya *Adj PPP* <anubhūta> erlebt, empfunden, wahrgenommen
aṇumai *f* <anumati> Erlaubnis, Billigung, Zustimmung
aṇumaṇṇai <anumanyate> billigen, erlauben, gestatten; *PPP* **aṇumaya**
aṇurajjai <anurajyati> sich verlieben; *PPP* **aṇuratta**
aṇuratta *Adj PPP* <anurakta> *mit Gen* verliebt (in)
aṇurāga *m* <anurāga> Zuneigung, Liebe
aṇurūva *Adj* <anurūpa> angemessen, passend
aṇuroha *m* <anurodha> Rücksichtnahme, Gefälligkeit
aṇuvvaya *Adj* <anuvrata> *Buddh, Jin* ergeben, gehorsam
aṇ-uvviga *Adj PPP* <anudvigna> unerschrocken
aṇusarai <anusmarati> gedenken, sich erinnern
aṇusāreṇa <anusāreṇa> *Adv Instr* (-/~) gemäß, in Übereinstimmung (mit)
aṇusāsaṇa *n* <anuśāsana> Belehrung, Unterweisung
aṇ-ega, **aṇ-eya** *Adj* <aneka> mehrfach, viel
aṇṇa *Adj* <anya> anderer
aṇṇayā *Adv* <anyadā> zu anderer Zeit, ein andermal
aṇṇuṇṇa *Adv* <anyonya> einander, wechselseitig
aṇṇesaṇā *f* <anveṣaṇā> Suche, Forschung
a-takkiya *Adj PPP* <atarkita> unerwartet
atihi *m* <atithi> Gast
atīva *Adv* <atīva> höchst, überaus, sehr
atta *m* <ātman> Selbst
attaya *m* <ātmaja> Sohn
attiā *f* (Deśī?) Mutter
[1]attha *Adv* <atra> hier
[2]attha *m* <artha> Lohn, Vermögen, Reichtum
[3]attha *n* <astra> Geschoss
atthamiya *Adj PPP* <astamita> *Astron* untergegangen
atthāṇa *n* <āsthāna> Audienzsaal
[1]atthi <asti> ist, existiert

[2]atthi *n* <asthi> Knochen
[3]atthi *Adj* <arthin> geschäftig, begehrend (nach)
a-thira *Adj* <asthira> unstet, wankelmütig
a-diṭṭha *Adj PPP* <adṛṣṭa> nicht gesehen, unbemerkt
adda *Adj* <ārdra> feucht, nass
addaṁsaṇa *n* <adarśana> Unsichtbarkeit
addāya *m* <ādarśa> Spiegel
addāvalepa *m* <ārdralepa> feuchte Salbe
[1]addha *m* <adhvan> Weg
[2]addha I. *Adj* <ardha> halb; **II.** *m, n* Hälfte
addhamāsa *m* <ardhamāsa> Halbmonat
a-ddhii *f* <adhṛti> Angst, Sorge, Wankelmut, Verzagtheit
a-dhuva *Adj* <adhruva> unbeständig, ungewiss, unsicher
[1]anna *n* <anna> Nahrung, Speise
[2]anna *Adj* <anya> ein anderer
annayara *Adj* <anyatara> *s.* **[2]anna**
annayā *Adv* <anyadā> 1. zu anderer Zeit; 2. einst
annattha *Adv* <anyatra> anderswo, anderswohin
annanna *Adj* <anyānya> mannigfaltig, unterschiedlich
annahā *Adv* <anyathā> 1. anders; 2. sonst
a-nnāya *Adj PPP* <ajñāta> unbekannt, unerkannt
a-nnāṇa *PPP* <ajñāna> Nichtwissen
annārisa *Adj* <anyādṛśa> fremd aussehend
annonna *Adv* <anyonya> einander, wechselseitig
a-pamatta *Adj* <apramatta> nicht fahrlässig, sorgfältig
a-puṇabbhava *Adj* <apunarbhava> *Jin* nicht wiedergeboren werdend
a-puvva *Adj* <apūrva> noch nicht dagewesen, unvergleichlich
[1]appa *m* <ātman> 1. Seele; 2. Selbst
[2]appa *Adj* <alpa> klein, gering, wenig
a-ppatakkiya *Adj PPP* <apratarkita> unerwartet
a-ppatta *Adj PPP* <aprāpta> nicht erhalten, nicht empfangen
appia *Adj PPP* <arpita *Kaus*> überreicht
apphālia *Adj PPP* <āsphālita> geschleudert, gestoßen
abbha *n* <abhra> Wolke
abbhaṁtara <abhyantara> **I.** *Adj* innerer, nächster; **II.** *n* Inneres
abbhatthaṇā *f* <abhyarthanā> Bitte, Betteln
abbhahia *Adj* <abhyadhika> größer, überlegen, überschüssig, mehr
abbhāhaya *Adj PPP* <abhyāhata> geschlagen, getroffen, heimgesucht
abbhuṭṭhāṇa *n* <abhyutthāna> Aufstehen, Aufbruch

abbhuvagaa *Adj PPP* <abhyupagata> eingewilligt, zugestanden
a-bhaya *n* <abhaya> Gefahrlosigkeit, Sicherheit
abhikkhaṇaṁ *Adv* <abhīkṣṇam> andauernd, wiederholt
abhigaya *Adj PPP* <abhigata> begriffen, verstanden
abhiggaha *m* <abhigraha> 1. Ergreifen; 2. *Jin* Selbstbeschränkung
abhiṇava *Adj* <abhinava> ganz neu
abhinna *Adj* <abhijña> erfahren (in)
abhippāya *m* <abhiprāya> Absicht, Ziel
abhibhavai <abhibhū, abhibhavati> überwältigen; *PPP* **abhibhūya**
abhimāṇa *m* <abhimāna> Hochmut, Stolz, Überheblichkeit
abhimuha *Adj* <abhimukha> 1. zugewandt; 2. günstig
abhiruyai <abhiruc> (jemandem) gefallen; *PPP* **abhiruiya**
abhilāsa *m* <abhilāṣa> Verlangen
abhisandhi *m* <abhisaṁdhi> Absicht
abhisitta *Adj PPP* <abhiṣikta> *Rel*, *Pol* gesalbt, geweiht
abhiseya *m* <abhiṣeka> Königsweihe
abhidhāṇa *n* <abhidhāna> 1. Name; 2. Wort
amacca *m* <amātya> Minister
a-maya *n* <amr̥ta> 1. Unsterblichkeit; 2. Nektar
a-mara *m* <amara> Gott, Gottheit
a-marisa *m* <amarṣa> Unmut, Zorn, Unduldsamkeit
a-mia <amr̥ta> **I.** *Adj* unsterblich; **II.** *n* Ambrosia, Nektar
a-milāṇa *Adj PPP* <amlāna> 1. nicht verwelkt; 2. nicht ermüdet
a-mejjha *n* <amedhya> Unreinheit, Schmutz
amhāṇaṁ *Pron pers 1. Pers Gen Pl* <asmākam> von uns, unser
amhārisa *Adj* <asmādr̥śa> unseresgleichen, uns ähnlich
amhe *Pron pers 1. Pers Nom u. Akk Pl* <*ved* asme> 1. wir; 2. uns
a-yasa *m* <ayaśas> Schmach, Schande
a-rai *f* <arati> Unlust
araṇṇa *n* <araṇya> Wald, Wildnis
araviṁda *n* <aravinda> Lotusblüte (Nelumbium speciosum oder Nymphaea nelumbo)
arahaṭṭa *m* <araghaṭṭa> Wasserschöpfrad
ariha *Adj* <arha> würdig, wertvoll
arihai <arh> wert sein, würdig sein, taugen
a-rogiyā *f* <arogitā> Gesundheit
alaṁ *Adv* <alam> (*mit Instr*) genug
alaṁkāra *m* <alaṁkāra> Schmuck
a-laṁghaṇīya *Adj* <alaṅghanīya> unerreichbar, unantastbar

a-lakkha *Adj* <alakṣya> unsichtbar
a-lakkhiya *Adj PPP* <alakṣita> unbemerkt
alaga *m, n* <alaka> Locke
a-lajja *Adj* <alajja> schamlos
alattaya *m* <alaktaka> roter Lack
ali *m* <ali> Biene
alāu *n* <alāpu> Flaschengurke (Lagenaria siceraria)
aliya *Adj* <alīka> hinterlistig, falsch, verlogen; **~vāi** *m* <alīkavādin> Lügner
allīṇa *Adj PPP* <ālīna> selbstbeherrscht
avaṁga *m* <apāṅga> äußerer Augenwinkel
avakkamai <apakram> 1. weggehen; 2. entkommen; *PPP* **avakkaṁta**
¹avagacchai <ava-gam, ava-gacchati> 1. hinuntergehen; 2. verstehen; *PPP* **avagaya**
²avagacchai <apa-gam, apa-gacchati> fortgehen, verschwinden; *PPP* **avagaya**
avagāsa *m* <avakāśa> 1. Stätte, Platz; 2. Gelegenheit
avaguṁṭhiya *Adj PPP* <avaguṇṭhita> verhüllt, verschleiert
avagūḍha *Adj PPP* <avagūḍha> 1. verhüllt; 2. umarmt
avacca *n* <apatya> Nachkommenschaft
avaṇei <apa-nī> wegnehmen; *PPP* **avaṇīya**
avatthā *f* <avasthā> Lage, Zustand
avatthāṇa *n* <avasthāna> 1. Verweilen; 2. Standhalten
avadāya *Adj PPP* <avadāta> fleckenlos, weiß
avaboha *m* <avabodha> Wahrnehmung, Erkenntnis
avamannai <ava-manyate> verachten, missachten
avamāṇa *n* <apamāna> Missachtung, Geringschätzung
avayarai <ava-tṝ> hinabsteigen; *PPP* **avaiṇṇa**
avara *Adj* <apara> 1. anderer; 2. hinterer; 3. westlich
avarajjhai <apa-rādh> 1. hindern; 2. Übles tun; *PPP* **avaraddha**
avaraṇha *m* <aparāhṇa> Nachmittag
avaratta *m* <apararātra> zweite Nachthälfte
avaraddha *PPP von* **avarajjhai**
avarāha *m* <aparādha> Vergehen, Übeltat, Beleidigung
avaroha *m* <avarodha> Harem
avalaṁbiya *Adj PPP* <avalambita> gestützt (auf), gelehnt (an)
avalagga *Adj PPP* <avalagna> anhaftend
avaleva *n* <avalepa> Salbe
avavāya *m* <apavāda> Tadel
avasara *m* <avasara> Gelegenheit
avasāṇa *n* <avasāna> Ende, Schluss, Ruhe

avasesa *m* <avaśeṣa> Überbleibsel, Rest
a-vassa *Adj* <avaśya> notwendig, unvermeidlich; **~ṁ** *Adv* <avaśyam> durchaus
avahattha *m* <apahasta> Stoß mit der Hand
avaharai <apa-hr̥> wegführen; *PPP* **avahariya**
avahiya *Adj PPP* <avahita> aufmerksam
avahīrei <avadhīray> verschmähen
avāya *m* <apāya> 1. Schaden; 2. Mangel, Verfall
avi *Konj* <api> auch, sogar
a-viṇaya *m* <avinaya> ungesittetes Betragen, Zügellosigkeit
a-vitaha *Adj* <avitatha> nicht unwahr, richtig
a-viratta *Adj* <avirakta> nicht gleichgültig
a-visaṇṇa *Adj* <aviṣaṇṇa> unverzagt
avei <apeti> sich entfernen, fliehen
avekkhai <apa-īkṣ> beachten, beobachten, erwarten
a-saccasaṁdha *Adj* <asatyasaṁdha> unzuverlässig
a-sajjha *Adj* <asādhya> unheilbar
asaṇa *n* <aśana> Nahrung, Essen
a-samattha *Adj* <asamartha> unfähig, ungeeignet
a-sarisa *Adj* <asadr̥śa> unähnlich, ungleich
a-sāra *Adj* <asāra> untauglich, wertlos
asi *m* <asi> Schwert
asīi *f Num* <aśīti> achtzig
a-sui *Adj* <asuci> *auch bildh* unrein, schmutzig
a-subha *Adj* <aśubha> 1. unlauter; 2. schmutzig; 3. hässlich
a-suyapuvva *Adj* <aśrutapūrva> nie zuvor gehört
a-suha *n* <asukha> Kummer, Leid, Unglück
a-sesa *Adj* <aśeṣa> restlos, vollständig
a-soyatta *n* <aśaucatva> Unreinheit
[1]**assa** *Pron pers Gen 3. Pers Sg* <asya> von ihm, dessen
[2]**assa** *m* <aśva> Pferd
aha *Konj* <atha> dann, danach
ahaṁ *Pron pers 1. Pers Sg Nom* <aham> ich
ahama *Adj* <adhama> unterer, niedrigster
ahara *Adj* <adhara> niedriger, tiefer, geringer; **~gai** *f* <adharagati> Höllenfahrt, Untergang
ahavā *Adv* <athavā> andernfalls, sonst, oder
ahi *m* <ahi> Schlange
ahighāa *Adj PPP* <abhighāta> befallen, zerschmettert
ahiṇava *Adj* <abhinava> ganz neu, frisch

ahiya *Adj* <adhika> zusätzlich, größer, besser, mehr
a-hiyattha *m* <ahitārtha> Unheil, Unfreundlichkeit
ahiyāsei <adhi-ās, adhi-sah> 1. sich setzen; 2. ertragen, aushalten; *PPP* **ahiyāsiya** <adhyāsita, adhiṣoḍha> ausgehalten, ertragen, erduldet
ahiṭṭhiya *Adj PPP* <adhiṣṭhita> 1. erstiegen; 2. herrschend, vorrangig; 3. beherrscht
ahiṇaṁdiya *Adj PPP* <abhinandita> begrüßt, gegrüßt
ahippāya *m* <abhiprāya> Absicht, Ziel
ahilasai <abhi-laṣ> begehren, erstreben
ahilāsa *m* <abhilāṣa> Verlangen
ahiva *m* <adhipa>, **ahivai** *m* <adhipati> Oberherr, Herrscher, König
ahisitta *Adj PPP* <abhiṣikta> (zum König) geweiht
ahihāṇa *n* <abhidhāna> 1. Name; 2. Wort
ahe *Adv* <adhas> 1. unten, hinab; 2. (*mit Gen*) unterhalb
aho *Interj* <aho> 1. des Erstaunens; 2. der Betrübnis; 3. des Zweifels; 4. des Abscheus
ahomuha *Adj* <adhomukha> mit gesenktem Antlitz

ā

āaa *Adj PPP* <āgata> angekommen
āava *m* <ātapa> Hitze
āāsa *m, n* <ākāśa> Luftraum
āi *m* <ādi> Anfang
āicca *m* <āditya> Sonne
āiṭṭha *Adj PPP* <ādiṣṭa> 1. angewiesen; 2. bezeichnet, gemeint
āiṇṇa *Adj PPP* <ākīrṇa> bedeckt, erfüllt
āiya *Adj* <ādika> mit … beginnend = und so weiter
āu *n* <āyus> Lebenskraft, Lebensdauer
āura *Adj* <ātura> krank
āula *Adj* <ākula> voll (von), überhäuft (mit)
āuha *n* <āyudha> Waffe
āūrei *Kaus* <ā-pṝ *Kaus*> füllen, erfüllen
āesa *m* <ādesa> Befehl, Anweisung
āojja *n* <ātodya> *ein Musikinstrument*
āohaṇa *n* <āyodhana> Kampf, Schlacht
ākāra *m* <ākāra> Aussehen, Gestalt
[1]**āgai** *f* <ākṛti> Aussehen, Form
[2]**āgai** *f* <āgati> Ankunft
āgacchai <ā-gacchati> kommen

āgama *m* <āgama> Überlieferung, Wissenschaft
āgamaṇa *n* <āgamana> Ankunft, Besuch
āgara *m* <ākara> Bergwerk, Mine
āgāra *n* <āgāra> Wohnstatt, Haus
āgii *f* <ākr̥ti> Form, Gestalt
āghāya *m* <āghāta> Stoß, Schlag
āghosaṇa *n* <āghoṣaṇā *f*> öffentliche Ausrufung
ācāria *m* <ācārya> Lehrer
āḍhaya *m, n* <āḍhaka> *ein Getreidemaß*
āṇaṁda *m* <ānanda> Wonne, Freude
[1]**āṇaṇa** *n* <ānana> Mund, Gesicht
[2]**āṇaṇa** *n* <ānayana> Herbeiführung
āṇatta *Adj PPP* <ājñapta> angeordnet, befohlen
āṇatti *f* <ājñapti> Befehl, Weisung
āṇavei *Kaus* <ājñāpayati> befehlen; *PPP* **āṇatta**
āṇia *Adj PPP* <ānīta> gebracht
āṇei <ā-nī> herbeiführen; *PPP* **āṇīya**
āpucchai <ā-prach> sich verabschieden
ābharaṇa *n* <ābharaṇa> Schmuck, Verzierung
ābhāsiya *Adj PPP* <ābhāṣita> angesprochen
ābhioiya *m* <ābhiyogika> *Name bestimmter untergeordneter Gottheiten*
ābhoya *m* <ābhoga> 1. Ausdehnung, Umfang; 2. Erkennen, Wissen
āyaṁka *m* <ātaṅka> Schmerz, Krankheit
āyaṇṇiya *Adj PPP* <ākarṇita> gehört
āyatta *Adj PPP* <āyatta> abhängig
āyayaṇa *n* <āyatana> 1. Stätte, Platz; 2. Tempel
āyara *m* <ādara> Rücksichtnahme
āyarai <ācarati> 1. vollbringen; 2. besuchen
āyariya *m* <ācārya> Lehrer
[1]**āyāra** *m* <ākāra> Aussehen, Gestalt
[2]**āyāra** *m* <ācara> 1. (rechter) Wandel; 2. Vorgehen, Verfahren
āyāva *m* <ātapa> Hitze, Glut
ārakkha *m* <ārakṣa> Wachtmeister
āraddha *Adj PPP* <ārabdha> begonnen
ārabbha *Postp mit Abl* <ārabhya> seit, von ... an
ārāma *m* <ārāma> Lustgarten
ārāhai <ā-rādh> befriedigen, erfreuen
āruhai <ā-ruh> besteigen; *PPP* **ārūḍha**; *Kaus* **ārovei**
āroga *n* <ārogya> Gesundheit
ārovia <āropitaḥ> *Adj PPP von* ārovei (= *Kaus* von **āruha**) bestiegen
ālaya *m* <ālaya> Wohnung, Wohnstatt

ālavaṇa *n* <ālapana> Gespräch, Unterhaltung
ālassa *n* <ālasya> Trägheit, Faulheit
ālāva *m* <ālāpa> Gespräch, Plauderei
āliṁgai <ā-liṅg> umarmen; *PPP* **āliṁgiya**
ālevaṇa *n* <ālepana> Salben, Einreiben, Beschmieren
āloyaṇā *f* <ālocanā> Sündenbekenntnis, Reue
āvaḍiya *Adj PPP* <āpatita> vorgekommen, eingetreten
āvaṇa *m* <āpana> Markt, Laden
āvaṇṇa *Adj PPP* <āpanna> hingekommen, hineingeraten
āvatta *m* <āvarta> Drehung, Wirbel
āvayā *f* <āpad> Unfall, Missgeschick
āvali *f* <āvali> Linie, Reihe
āvāa *m* <āpāta> Hereinbruch
āvāsa *m* <āvāsa> Wohnung, Wohnsitz
āveei *Kaus* <ā-veday *von* ā-vid> melden, mitteilen
āsa *m* <aśva> Pferd
āsaṁkā *f* <āśaṅkā> 1. Besorgnis, Misstrauen; 2. Furcht
āsaṇa *n* <āsana> Sitz(gelegenheit)
āsatta *Adj PPP* <āsakta> hängend (an), hingegeben
āsattha *Adj PPP* <āśvasta> beruhigt, erholt
āsanna *n* <āsanna> *Ort u. Zeit* Nähe
āsama *m* <āśrama> Einsiedelei
āsaya *m* <āśaya> Sitz, Stätte
āsava *m* <āsava> Rum
āsavara *m* <aśvavara> Prachtpferd
āsā *f* <āśā> Hoffnung
āsāiya *Adj PPP* <āsādita> erhalten, erlangt
āsāsaṇa *n* <āśvāsana> Erheiterung, Tröstung
āsāsiya *Adj PPP* <āśvāsita> beruhigt, erholt
āsi, āsī <āsīt> *3. Pers Impf Sg* er/sie/es war
āsisā *f* <āśis> Segen
āsevaṇa *n* <āsevana> fortdauernde Beschäftigung
āhaya *Adj PPP* <āhata> geschlagen, getötet
āharaṇa *n* <ābharaṇa> Schmuck, Verzierung
āhāra *m* <āhāra> Nahrung, Speise
āhiṁḍai <ā-hiṇḍ> umherlaufen
āhevacca *m* <ādhipatya> Oberherrschaft

i

ia *Adv* <iti> so, auf diese Weise
io *Adv* <itas> von hier
iṁda *m* <indra> Indra; ~/- erster, oberster
iṁdakeu *m* <indraketu> Indras Banner
iṁdayāla *n* <indrajāla> Illusion, Blendwerk, Zauber
iṁdiya *n* <indriya> Sinnesorgan
iṁdhaṇa *n* <indhana> Brennholz, Brennstoff
ikka *Adj Num* <eka> ein
iccāi *Adv* <ityādi> und so weiter
icchai <iṣ, icchati> wünschen, erbitten; *PPP* **icchiya**, **iṭṭha**
icchā *f* <icchā> Wunsch, Verlangen
icchiya *Adj PPP* <icchita, iṣṭa> erwünscht, gewünscht
iṭṭha *Adj PPP* <iṣṭa> erwünscht, gewünscht, geliebt
iḍḍhi *f* <r̥ddhi> 1. Gedeihen; 2. Reichtum
iṇaṁ *Pron dem n* <etad> dies
idha *Adv* <iha> hier
itthī *f* <strī> Frau
ibbha *m* <ibhya> reicher Kaufmann
imaṁ *Pron dem n* <idam> das, dies
ime *Pron dem Nom u. Akk Pl* <ime, imān> diese
iyara *Adj* <itara> ein anderer (als), verschieden (von)
iyāṇiṁ *Adv* <idānīm> jetzt
iriyā *f* <īryā> (aufrechter) Gang
iva *Konj* <iva> wie, gleichsam
isi *m* <r̥ṣi> *Rel* Sänger, Seher, Heiliger
iha *Adv* <iha> hier, hierher; **~loga** *m* <ihaloka> irdische Welt, Diesseits

ī

īdisa *Adj* <īdr̥śa> solch, derartig
īsara *m* <īśvara> 1. Gebieter, Herr; 2. Reicher; 3. Hochgott
īsā *f* <īrṣyā> 1. Eifersucht; 2. Neid
īsāluya *Adj* <īrṣyāluka> eifersüchtig, neidisch
īsi, **īsiṁ** *Adv* <īṣat> ein wenig, etwas
īhiya *Adj PPP* <īhita> erstrebt, erwünscht
īhāmiya *m* <īhāmr̥ga> Wolf

u

u *Konj* <tu> aber, doch, jedoch
uaa *n* <udaka> Wasser
uatthia *PPP* <upasthita> 1. herangekommen; 2. bereit
uara *m* <udara> Bauch
uaroa *m* <uparoga> Hemmung, Störung
uahi *m* <udadhi> Ozean
uiya *Adj PPP* <ucita> geeignet, günstig, passend
ukkaḍayā *f* <utkaṭatā> Übermaß
ukkaṇṭhiya *Adj* <utkaṇṭhita> *bildh* den Hals reckend; von (verliebter) Sehnsucht erfüllt
ukkara *m* <utkara> Sammlung, Menge, Haufen
ukkā *f* <ulkā> Feuerbrand; Meteor
ukkiṇṇa *Adj PPP* <utkīrṇa> 1. ausgegraben; 2. verstreut
ukkhaya *Adj PPP* <utkhāta> entwurzelt, herausgerissen, zerstört
ukkhivai <utkṣipati> hochwerfen, aufheben; *PPP* **ukkhitta**
ukkhitta *Adj PPP* <utkṣipta> 1. hinaufgeschleudert; 2. entwurzelt, beseitigt; 3. aufgehoben
ugga *Adj* <ugra> 1. gewaltig, heftig; 2. streng
uggama *m* <udgama> 1. Aufstieg; 2. *Astron* Aufgang
ughāa *m* <udghāta> 1. Stoß, Schlag; 2. Abnahme, Schwund
ugghuṭṭha *Adj PPP* <udghuṣṭa> ausgerufen
ucia *s.* **uiya**
uccarai <ud-car> aussprechen; *PPP* **uccariya** entgangen, gerettet
ucchaṁga *m* <utsaṅga> Schoß
ucchava *m* <utsava> *Rel* Fest
ucchitta *Adj PPP* <ucchiṣṭa> übrig geblieben, restlich
ucchu *m* <ikṣu> Zuckerrohr
ujjaya *Adj PPP* <udyata> fleißig, bemüht, bereit
ujjala *Adj* <ujjvala> 1. glänzend, prächtig; 2. aufflammend
ujjāṇa *n* Lustgarten, Park
ujjua *Adj* <ṛjuka> aufrecht, gerade
ujjoiya *Adj PPP* <uddyotita> erleuchtet
ujjhiya *Adj PPP* <ujjhita> aufgegeben, verlassen
uṭṭha *m* <oṣṭha> Lippe
uṭṭhiya *Adj PPP* <utthita> 1. aufgestanden; 2. bereit, fertig
uḍa *m* <puṭa> Tüte
uḍu *n* <uḍu> Stern; Göttersitz
uḍḍhaṁ *Adv* <ūrdhvam> hoch, oben, oberhalb
uṇa *Adv* <punar> erneut, wieder, nochmals
uṇṇia *Adj* <aurṇaka> *Stoff* wollen

uṇha *Adj* <uṣṇa> heiß
utta *Adj PPP* <ukta> gesagt, gesprochen
uttama *Adj* <uttama> oberster, bester, vorzüglichster, Haupt-
uttamaṁga *n* <uttamāṅga> *bildh* Kopf
[1]uttara *Adj* <uttara> 1. höher, besser; 2. nördlich; 3. vermehrt, zusätzlich
[2]uttara <ud-tr̥̄> überqueren; *PPP* **uttariya**
uttarijja *n*, **uttariya** *n* <uttarīya> 1. Obergewand; 2. Schal
uttāṇa *Adj* <uttāna> ausgebreitet, offen
uttiṇṇa *Adj PPP von* **uttarai** <uttīrṇa> überschritten (habend)
uttuṁga *Adj* <uttuṅga> aufragend
utthala *n* <utsthala> Sandhügel
[1]udaya *n* <udaka> Wasser
[2]udaya *m* <udaya> Aufstieg, Erfolg, Wohlstand
udāra *Adj* <udāra> erhaben, edel, ausgezeichnet
udu *m* <r̥tu> Jahreszeit
uddāma *Adj* <uddāma> entfesselt, maßlos, ungestüm
uddisai <ud-diś> 1. anweisen; 2. zeigen, belehren; 3. kennzeichnen; *PPP* **uddiṭṭha**
uddesa *m* <uddeśa> Angabe, Hinweis, Bezeichnung
uddha *Adj* <ūrdhva> aufrecht, hoch, oben
uddhāiya *Adj PPP* <uddhāvita> angelaufen kommend
uddhumāya *Adj* (Deśī) vollständig gefüllt
uppanna *Adj PPP* <utpanna> entstanden, vorhanden
uppayai <ud-pat> sich erheben, auffliegen
uppala *n* <utpala> (blaue) Lotusblüte (Nymphaea nelumbo)
uppāya *m* <utpāta> Aufflug, Hochsprung
uppua *Adj PPP* <utpluta> 1. aufgetaucht; 2. aufgeschreckt
upphiḍai <ut-sphiṭ> zersplittern, vernichten
upphulla *Adj* <utphulla> aufgeblüht
ubbha *Adv* <ūrdhva> aufwärts
ubbhava *m* <udbhava> Entstehung, Ursprung
ubbhiya *Adj* <udbhid> sprossend
ubbheiya *Adj* <ūrdhva> aufgerichtet
ummagga *m* <unmārga> Abweg, Irrweg
ummatta *Adj PPP* <unmatta> berauscht, betört, verrückt
ummāya *m* <unmāda> Tollheit, Besessenheit
ummilla *Adj* <unmīlita> geöffnet
ummukka *Adj PPP* <unmukta> 1. befreit; 2. beseitigt
ummuha *Adj* <unmukha> aufgerichtet, emporschauend
ummūlaṇa *n* <unmūlana> Entwurzelung, Ausrottung
umha *m* <ūṣman> Glut, Hitze
uyara *m* <udara> Bauch, *Anat* Inneres

uyāhu *Konj* <utāhu> oder, sonst
ura *n* <uras> Brust
ulla *Adj* <?> feucht, nass
ullavai <ud-lap> plaudern, schwatzen; *PPP* **ullaviya**
ullāva *m* <ullāpa> Unterhaltung
uvaaraṇa *n* <upakaraṇa> 1. Unterstützung; 2. Werkzeug, Gerät
uvaiṭṭha *Adj* <upadiṣṭa> 1. bezeichnet; 2. belehrt
uvaisai <upa-diś> 1. zeigen; 2. belehren; *PPP* **uvaiṭṭha** <upadiṣṭa>
uvaūḍha *Adj PPP* <upagūḍha> 1. umarmt; 2. verborgen
uvaesa *m* <upadeśa> Unterricht, Belehrung
uvakkama *m* <upakrama> 1. Anfang, Beginn; 2. Hilfsmittel, Werkzeug
uvakkamai <upa-kram> anfangen, beginnen
uvagaya *Adj PPP* <upagata> 1. genaht, herangekommen; 2. geraten (in)
uvagaraṇa *n* <upakaraṇa> Werkzeug, Gerät
uvagāra *m* <upakāra> Unterstützung, Hilfe
uvacaya *m* <upacaya> Gedeihen, Wachstum, Zunahme
uvajīvai <upajīvati> existieren, leben (von *mit Akk*)
uvajjhāya *m* <upādhyāya> *bes Rel* Lehrer
uvaṭṭhiya *Adj PPP* <upasthita> 1. angekommen; 2. bereit
uvaṇamai <upa-nam> erhalten, zuteil werden
uvaṇei <upa-nī> herbeiführen; *PPP* **uvaṇīya**
uvaṇīya *Adj PPP* <upanīta> 1. gebracht, überreicht; 2. bewirkt
uvadaṁsei <upa-dr̥ś *Kaus*> zeigen; *PPP* **uvadaṁsiya**
uvaddava *m* <upadrava> Belästigung, Heimsuchung
uvama *Adj* <upama> ähnlich
[1]**uvayāra** *m* <upakāra> Dienstfertigkeit, Hilfe
[2]**uvayāra** *m* <upacāra> 1. Verehrung; 2. Ausübung, Durchführung
uvaramai <upa-ram> (*mit Abl*) ablassen (von), aufhören (mit); *PPP* **uvaraya**
uvaraya *Adj PPP* <uparata> *bildh* verstorben
uvari *Postp mit Gen* <upari> 1. über, oben; 2. hinauf, aufwärts; 3. außerdem
uvarima *Adj* <uparima> oben befindlich
uvarilla *Adj* <uparitama> ganz oben befindlich
uvaroha *m* <uparodha> Hemmung, Störung
uvala *m* <upala> Stein, Edelstein
uvalaṁbha *m* <upalambha> Erlangung, Erhalt
uvallīṇa *Adj PPP* <upalīna> gestützt (auf)
uvavajjai <upa-pad> 1. sich begeben (zu); 2. entstehen; *PPP* **uvavaṇṇa** <upapanna>
uvavāsa *m* <upavāsa> Fasten
uvaviṭṭha *Adj PPP* <upaviṣṭa> hingesetzt, Platz genommen
uvavisai <upa-viśati> sich setzen
uvasaṁta *Adj PPP* <upa-śānta> beruhigt

uvasāmei *Kaus von* **uvasamai** <upa-śam *Kaus*> beruhigen; *PPP* **uvasāmiya**
uvassaya *m* <upāśraya> *Jin* Kloster
uvāya *m* <upāya> 1. Abhilfe, Mittel, Gegenmittel; 2 Plan
uvāyaṇa *n* <upāyana> Geschenk
uvāsaya *m* <upāsaka> Verehrer; *Jin* Laienanhänger; *f* **uvāsiyā**
uvvaṭṭai <ud-vr̥t> 1. zerstören; 2. zugrunde gehen; 3. salben; *PPP* **uvvaṭṭiya**
uvvahai <ud-vah> tragen, stützen
uvvigga *Adj PPP* <udvigna> aufgeregt, erschreckt, verstört
uvveya *m* <udvega> Unruhe, Aufregung
ussuya *Adj* <utsuka> verlangend (nach)
uhaha *Adj* <ubhaya> beide

ū

ūru *m* <ūru> Schenkel
ūsava *m* <utsava> Fest, Veranstaltung
ūsāriya *Adj PPP* <utsārita> ausgedehnt
ūsāsa *m* <ucchvāsa> Atemzug, Seufzer
ūsiya *Adj PPP* <ucchrita> aufgerichtet, erhoben

e

eāvatthaṁ *Adv* <etadavasthām> in diesem Zustand
ei <eti> er, sie, es geht
ekka *Adj Num* <eka> ein, einzig
ekkekka *Adj* <ekaika> jeder einzelne
ega *Adj* <eka> ein, einzig, alleinig
egaṁta *m* <ekānta> einsamer Ort, Einsamkeit; *Lok* **egaṁte** 1.durchaus; 2. heimlich
egattha *Adv* <ekatra> an *einer* Stelle
egāgi *Adj* <ekākin> 1. einzeln; 2. einsam
eṇhiṁ *Adv* <idānīm> jetzt
ettiya *Adj* <iyat> so viel, so groß
etto *Adv* <itaḥ> von hier (aus)
ettha *Adv* <atra> hier
emāi *Adv* <evam ādi> derart, solch
eyaṁ *Pron dem n Nom Sg* <etad> das, dies
eyārisa *Adj* <etādr̥śa> solch, derartig
eyārūva *Adj* <etadrūpa> dieses Aussehen habend
erāvana *m* <airāvata> *Name des Elefanten Indras*
erisa *Adj* <īdr̥śa> derartig, solch, diesem gleich

evaṁ *Adv* <evam> so; **~rūva** *Adj* <evaṁrūpa> dergestalt, derartig; **~viha** *Adj* <evaṁvidha> so beschaffen, derartig

esa *Pron dem m Nom Sg* <eṣaḥ> der, dieser

esā *Pron dem f Nom Sg* <eṣā> die, diese

eso *Pron dem m Nom Sg* <eṣaḥ> der, dieser

o

oavaṇa *n* <sādhana> Erfolg, Gewinn

oāra *m* <avatāra> 1. Herabkunft; 2. *Myth* Inkarnation

oāsa *m* <avakāśa> Platz, Zwischenraum

oiṇṇa *Adj PPP* <avatīrṇa> herabgestiegen

occhāiya *Adj PPP* <avacchādita> bedeckt

oṭṭha *m* <oṣṭha> Lippe

oṇavia *Adj PPP* <avanata> gebeugt, verneigt

odhāvai <ava-dhāv> weglaufen

oyarai <ava-tr̥̄> hinabsteigen; *PPP* **ovariya**

olagga *Adj PPP* <anulagna> sich angeschlossen habend, gefolgt

oviya *Adj PPP* (Deśī) eingerichtet, hergerichtet

osarai <ava-sr̥> 1. sich entfernen, weggehen, weichen; 2. ausbreiten

osaha *n* <auṣadha> (Heil-)Kraut, Arznei

osahi *f* <oṣadhi> Heilkraut

osukkha *n* <autsukya> Sehnsucht, Liebesverlangen

oha *m* <ogha> 1. Flut, Schwall; 2. *Jin* Geburtenkreislauf

oharia *Adj PPP* <avahr̥ta> abgestellt, aus der Hand gelegt

ohi *m* <avadhi> *Jin allein durch die Seelenkraft (ohne die Sinnesorgane) erlangtes Wissen*

k

kaa *Adj PPP* <kr̥ta> gemacht, getan, erledigt

kai *m* <kavi> Dichter

kaiava *n* <kaitava> Betrug, Hinterlist, Trick, Kniff

kaima *Pron interr* <katama> wer (von mehreren)?

kaiyava *n* <kaitava> Betrug, Hinterlist, Trick, Kniff

kaivaya *Adj* <katipaya> einige

kae *Postp mit Gen* <kr̥te> wegen

kaṁkaṇa *m* <kaṅkaṇa> Armreif

kaṁkelli *f* <kaṅkellī> Aśokabaum

kaṁkoḍa *m* <kaṅkula> *eine Pflanzenart*

kaṁkhia *Adj PPP* <kāṅkṣita> erwünscht, begehrt

kaṁcaṇa *n* <kāñcana> Gold

kaṁcua *m* <kañcuka> Panzer
kaṁcui *m* <kañcukin> Kämmerer
kaṁṭaya *m* <kaṇṭaka> Dorn, Stachel
kaṁṭha *m* <kaṇṭha> Hals, Kehle
kaṁḍū *f* <kaṇḍū> Jucken, Kratzen
kaṁta *Adj PPP* <krānta> gegangen, durchschritten
kaṁtāra *m, n* <kāntāra> Wald(wildnis)
kaṁti *f* <kṣānti> Geduld
kaṁda *m* <kanda> Wurzelknolle, Zwiebel
kaṁdai <krand> 1. brüllen, schreien; 2. jammern
kaṁdharā *f* <kaṁdhara *m*> Hals
kaṁpai <kampate> erzittern, beben; *PPP* **kaṁpiya**
kaṁbala *m* <kambala> Wolltuch, -decke, -gewand
kaṁsatāla *n* <kāṁsyatāla> Zimbel
kakkoḷa *m* <karkoṭa> *eine Pflanzenart* (Momordica mixta)
kacchā *f* <kakṣā> Reihe, Linie
kacchū *f* <kacchū> Jucken, Krätze
kacchūlla *Adj* <kacchūma> mit Krätze behaftet
kajja <kārya> **I.** *Adj Ger* 1. zu tun, zu erledigen; 2. machbar, möglich; **II.** *n* Vorhaben, Geschäft
kajjala *n* <kajjala> Ruß
kajjeṇa *Postp mit Gen* <käryeṇa> wegen
kaṭṭha *n* <kāṣṭha> Holzscheit
kaḍakkha *m* <kaṭākṣa> Seitenblick
kaḍaa *m, n* <kaṭaka> Abhang, Tal
kaḍaya *n* <kaṭaka> 1. Fußspange; 2. Heer, Heerlager
kaḍuya *Adj* <kaṭuka> scharf, bitter, ätzend
kaḍḍhai <kr̥ṣ> ziehen, herausziehen; *PPP* **kaḍḍhiya**
kaḍhia *Adj PPP* <kvathita> gekocht
kaḍhiṇa *Adj* <kaṭhina> hart, streng, rau
kaṇaya *n* <kanaka> Gold
kaṇiṭṭha *Adj Sup* <kaniṣṭha> jüngster
kaṇṇa *m* <karṇa> Ohr, Gehör
kaṇṇagā *f* <kanyakā> Jungfrau, Mädchen
kaṇha *Adj* <kr̥ṣṇa> schwarz, dunkel
katti *f* <kr̥tti> 1. Fell, Haut; 2. Obergewand
katto *Pron interr* <kutas> woher?, von wo?
kattha *Pron interr* <kutra> wo?, wohin?
katthai *Adv* <kvacit> irgendwo
katthavi *Adv* <kutrāpi> irgendwohin
kaddama *m* <kardama> Schlamm, Schmutz
kannayā *f* <kanyakā>, **kannā** *f* <kanyā> Mädchen

kappa *m* <kalpa> 1. Weltperiode; 2. Göttersitz
kappaḍia *Adj* <kārpaṭika> in ein Lumpengewand gehüllt (*Epitheton eines Bettelmönchs*)
kappaduma *m* <kalpadruma>, **kapparukkha** *m* <kalpavr̥kṣa> *Myth* Wunschbaum
kappūra *m* <karpūra> Kampfer
kabaṁdha *m* <kavandha> *Anat* Rumpf
kama *m* <krama> 1. Schritt, Gang; 2. Reihenfolge
kamaḍha *m* <kamaṭha> Schildkröte
kamala *m*, *n* <kamala> Lotusblüte (Nelumbium speciosum)
kamalā *f* <kamalā> *Myth Beiname der Lakṣmī*
kameṇa *Adv Instr* <krameṇa> allmählich
kammi *Pron interr Lok* <kasmin> worin?
kamma *n* <karman> 1. Tat, Werk; 2. *Buddh*, *Jin* Tatenfolge, Schicksal
kammagara *m* <karmakāra> Lohnarbeiter
kaya *Adj PPP* <kr̥ta> getan, gemacht, erledigt
kayaṁta *m* <kr̥tānta> 1. Todesgott; 2. Schicksal
kayattha *Adj* <kr̥tārtha> seinen Zweck erreicht habend
kayatthaṇa *n* <kadarthana> Quälerei, Bedrängung
kayannū *Adj* <kr̥tajña> dankbar
kayara *Pron interr* <katara> welcher (von zweien)?
kayalī *f* <kadalī> Banane (Musa sapientum)
kara *m* <kara> 1. Hand, Rüssel; 2. *Pol* Steuer
karaṇijja <karaṇīya> **I.** *Adj Ger* zu tun, durchzuführen; **II.** *n* Aufgabe, Pflicht
karaṇḍaa *m* <karaṇḍaka> Korb
karayala *n* <karatala> Handfläche
karavāla *n* <karavāla> Schwert
karaha *m* <karabha> Kamel
karāla *Adj* <karāla> grausig
kari *m* <karin> Elefant
karīsa *n* <karīṣa> *getrockneter Kuhmist zum Düngen*
karuṇa *Adj* <karuṇa> 1. kläglich, traurig; 2. mitleidig
karuṇā *f* <karuṇā> Mitleid
karei <kr̥> machen, tun
kareu *3. Pers Sg Imper von* **kara** <karotu> er/sie/es soll tun
kareṇuyā *f* <kareṇu> Elefantenkuh
kalaṁka *m* <kalaṅka> Fleck, Makel
kalama *m* <kalama> Winterreis
kalayala *m* <kalakala> Geräusch, Summen
kalasa *m* <kalasa> Krug, Topf, Schüssel
kalaha *m* <kalaha> Streit, Zank

kalā *f* <kalā> Kunst, Kunstfertigkeit
kalāva *m* <kalāpa> Bündel, Menge, Sammlung
kaliya *Adj PPP* <kalita> eingerichtet, angeordnet, ausgestattet
kaluṇa *Adj* <karuṇa> kläglich, Mitleid erweckend
kalevara *n* <kalevara> Leib, Körper
kalla *Adj* <kalya> 1. gesund, kräftig; 2, geschickt, fähig
kallaṁ *Adv* <kalyam> gestern
kallākalliṁ *Adv* <kalpākalpam> Tag für Tag
kallāṇa *Adj* <kalyāṇa> Glück bringend, günstig
kavaṁdha *m, n* <kavandha> 1. Tonne; 2. Rumpf
kavaya *m, n* <kavaca> Panzer
kavaḍa *n* <kapaṭa> Betrug, Hinterlist
kavala *m* <kavala> Bissen, Happen, Mundvoll
kavāḍa *m, n* <kapāṭa> Torflügel
kavva *n* <kāvya> (Kunst-)Gedicht, Poesie
kasaṇa *Adj* <kr̥ṣṇa> dunkel, schwarz
kasāya <kaṣāya> **I.** *Adj* 1. rot; 2. aromatisch, scharf; **II.** *m Jin unmoralische Eigenschaft*
kasiṇa *Adj* <kr̥ṣṇa> schwarz
kahaṁ *Adv* <katham> wie?, warum?
kahā *f* <kathā> Erzählung, Geschichte
kahāṇaya *n* <kathānaka> Erzählung, Geschichte
kahia *Adj PPP* <kathita> gesprochen, gesagt, erzählt
kahiṁ *Pron interr* <kva> wo?, wohin?
kahiṁci *Adv* <kvacit> irgendwo
kahei <kathay> erzählen
kā *Pron interr f Nom Sg* <kā> wer, welche?
[1]**kāya** *m* <kāka> Krähe
[2]**kāya** *m* <kāca> Glas
[3]**kāya** *m* <kāya> Körper, Leib
kāyavva *Adj Ger* <kartavya> zu machen, zu tun, zu erledigen
kāurisa *m* <kāpuruṣa> Feigling
kāussaga *m* <kāyotsarga> Aufgabe des Körpers, Lossagen vom Ich
kāga *m* <kāka> Krähe
kāṇaṇa *n* <kānana> lichter Wald, Hain
kāma *m* <kāma> 1. Wunsch, Begehren; 2. Liebe, Liebeskunst, -trieb, -lust
kāmuya *m* <kāmuka> Verliebter, Liebender
kāmei <kam> wünschen, begehren, lieben; *PPP* **kamiya**
kāraṇa *n* <kāraṇa> Veranlassung, Ursache
kāraya <kāraka> **I.** *Adj* bewirkend; **II.** *n Jin* Vorbildlichkeit
kāruṇṇa *n* <kāruṇya> Mitgefühl, Mitleid
[1]**kāla** *Adj* <kāla> schwarz, schwarzblau

[2]kāla *m* <kāla> 1. (rechte) Zeit; 2. Ende, Tod
kālakheva *m* <kālakṣepa> Zeitverlauf
kālagaya *Adj PPP* <kālagata> *bildh* verstorben
kālāguru *n* <kālāguru> schwarzes Aloeholz
kiṁ *Pron interr n Nom Sg* <kim> was?, welches?
kiṁ uṇa *Konj* <kiṁ punar> 1. jedoch, sondern; 2. was sonst?
kiṁtu *Konj* <kiṁ tu> aber, jedoch, ferner
kiṁkara *m* <kiṁkara> Diener, Aufwärter
kiṁkiṇī *f* <kiṁkiṇī> Glöckchen
kicca *n* <kr̥tya> Aufgabe, Geschäft, Pflicht; **~gara** *m* <kr̥tyakara> Arbeiter
kiccha *n* <kr̥cchra> Schwierigkeit, Gefahr; **kiccheṇa** *Instr* <kr̥cchreṇa> mit Mühe
kiṭṭha *Adj PPP* <kr̥ṣṭa> gepflügt
kiḍḍā *f* <krīḍā> Spiel
kiṇai <krī> kaufen
kiṇṇa *Adj PPP* <kīrṇa> 1. bedeckt; 2. bestreut
kitti *f* <kīrti> Ruhm, Lobpreisung
kimi *m* <kr̥mi> Wurm, Made
kira *Adv* <kila> gewiss, freilich
kiraṇa *m* <kiraṇa> Lichtstrahl
kiriyā *f* <kriyā> Tat, Ausführung, Werk
kila *s.* **kira**
kilai <krīḍ> spielen
kilaṁta *Adj PPP* <klānta> erschöpft, müde
kilāma <klam *Kaus*> belästigen, ermüden
kiliṭṭha *Adj PPP* <kliṣṭa> ermüdet, elend
kiliṇṇa *Adj PPP* <klinna> benässt, nass
kilissai <kliś> sich abquälen, sich elend fühlen
kiviṇa *Adj* <kr̥paṇa> arm, elend
kisalaya *n* <kisalaya> Knospe, Spross
kisorī *f* <kiśorī> (unverheiratete) Frau, Mädchen
kiha *Pron interr* <kva> wo?, wohin?
kīḍa *m* <kīṭa> Wurm, Insekt
kīḍā *f* <krīḍā> Spiel
kīdisa *Adj* <kīdr̥śa> was für ein?, warum?
kīsa *s.* **kīdisa**
kuo *Pron interr* <kutas> woher?
kuṁkuma *m* <kuṅkuma> Safran
kuṁjara *m* <kuñjara> Elefant
kuṁḍala *n* <kuṇḍala> Ohrring
kuṁta *m* <kunta> Speer

kuṁda *n* <kunda> Jasminblüte

kuṁbha *m* <kumbha> Topf, Krug; **~gāra** *m* <kumbhakāra> Töpfer

kukkuḍa *m* <kukkuṭa> (wilder) Hahn

kugai *f* <kugati> Abweg, Irrweg

kucca *n* <kūrca> 1. Bürste, Pinsel; 2. Bart

kucchi *m* <kukṣi> Bauch, Mutterleib

kujāi *f* <kujāti> niedrige Geburt

kuṭṭimatala *m*, *n* festgestampfter Fußboden, Estrich

kuḍaṁga *m*, *n* <kuṭaṅka> Laube

kuḍila *Adj* <kuṭila> gebogen, krumm

kuḍuṁba *m* <kuṭumba> Hausstand, Familie

kuḍḍa *n* <kuḍya> Mauer

kuṇai <karoti, *ved* kr̥ṇoti> *3. Pers Sg* er/sie/es tut

kuddha *Adj PPP* <kruddha> zornig, aufgebracht

kuppai <kupyati> zürnen; *PPP* **kuviya**

kuppara *m* <kūrpara> Ellbogen

kumai *f* <kumati> falsche Ansicht, Irrglaube

kumāra *m* <kumāra> 1. Jüngling; 2. Prinz

kumārī *f* <kumārī> Mädchen

kumma *m* <kūrma> Schildkröte

kummāsa *m* <kulmāṣa> (ungare) Bohnen

kula *n* <kula> vaterseitliches Geschlecht, Sippe; Haus

kulavai *m* <kulapati> Hausherr

kuvalaya *n* <kuvalaya> blaue Wasserlilie

kuviya *Adj PPP* <kupita> erzürnt, zornig

kusa *m* <kuśa> Gras (Poa cynosuroides)

kusala *Adj* <kuśala> **I.** geschickt, tüchtig; **II.** *n* Heil, Glück, Segen

kusuma *n* <kusuma> Blüte, Blume

kusumiya *Adj* <kusumita> blühend

kūiyā *f*, **kūjiya** *n* <kūjita> Murmeln, Zwitschern

[1]kūra *m* <kūra> Reis, Reisspeise

[2]kūra *Adj* <krūra> *Psych* hart, grausam

kūla *n* <kūla> Ufer

kūva *m* <kūpa> Brunnen, Zisterne

keūra *m* <keyūra> Oberarmreif

kerisa *Adj* <kīdr̥śa> was für ein?

kevala *Adj* <kevala> 1. einzig; einmalig; 2. vollständig, jeder, alle; **~ṁ** *Adv* <kevalam> nur

kevali *m* <kevalin> *Jin* Allwissender

kesa *m* <keśa> Haar

kesari *m* <kesarin> *bildh* Löwe

ko *Pron interr m Nom Sg* <kaḥ> wer?, welcher?

koila *m* <kokila> Kuckuck
kouya *n* <kautuka> 1. Wunder; 2. Neugier
kouhalla *n* <kautūhala> Neugier
koṁca *m* <krauñca> 1. Schnepfe; 2. Reiher
koṭṭara *n* <koṭara> Baumhöhle
koḍi *f* <koṭi> die Zahl 10.000.000
koḍuṁbiya *Adj* <kauṭumbika> zur Familie gehörend
kotthala *m* <kuśūla> großer Beutel, (Getreide-)Sack
kotthuba *m* <kaustubha> *Myth* Edelstein des Viṣṇu
komala *Adj* <komala> zart, weich
komuī *f* <kaumudī> Mondschein
kola *m* 1. <kola> Eber; 2. <*ved* kúvala> Frucht eines Obstbaumes (Zizyphus jujuba)
kova *m* <kopa> Aufregung, Zorn
kosa *m* <kośa, koṣa> 1. Behälter; 2. *Schwert* Scheide; 3. Schatz(kammer)
kosalla *n* <kauśalya> Geschick, Geschicklichkeit
koha *m* <krodha> Zorn, Wut

kh

[1]**khaa** *n* <kṣata> Wunde, Verletzung
[2]**khaa** *Adj PPP* <khāta> gegraben
khaṁḍa *m, n* <khaṇḍa> Stück, Teil
khaṁḍiya *Adj PPP Denom* <khaṇḍita> zerstückelt, verwundet
khaṁdaya *m* <skandaka> 1. Angreifer; 2. *Myth Name des Kriegsgottes*
khaṁdha *m* <skandha> Schulter
khaṁdhāvāra *n* <skandhāvāra> *Mil* Hauptquartier
khaṁbha *m* <stambha> Pfosten, Pfeiler, Säule
khaga *m* <khaga> *bildh* Vogel
khagga *m* <khaḍga> Schwert
khajja *Adj Ger* <khādya> essbar
khaḍḍā *f* <khāta *n*> Graben
[1]**khaṇa** <khan> graben; *PPP* **khaya**, **khaa** gegraben
[2]**khaṇa** *m, n* <kṣaṇa> Augenblick, Moment
khatta *n* <khātra> Bresche; *Wand, Mauer* Durchbruch
khattiya *m* <kṣatriya> *Pol* Herrscher; Angehöriger des Kriegerstandes
khamai <kṣam> 1. erdulden; 2. verzeihen; *PPP* **khamiya**
khamaṇa *m* <kṣapaṇa> *Buddh, Jin* Askese betreibender Bettelmönch
khamā *f* <kṣamā> Geduld, Nachsicht
khaya *m* <kṣaya> Vernichtung, Untergang
khala *m* <khala> Schurke

khalai <skhal> straucheln, stolpern; *PPP* **khaliya**
khaliya *Adj PPP* <skhalita> wankend, strauchelnd, stolpernd, fehlgegangen
khalu *Adv* <khalu> freilich, allerdings, wahrlich
khaviya *Adj PPP* <kṣapita *Kaus von* kṣi> erschöpft, geschwächt, vernichtet
khāi <khād> essen, verzehren; *PPP* **khāiya**
khāima *n* <khādima> Konfekt, Süßigkeit
khāma *Adj* <kṣāma> ausgedörrt, mager
khāra *m* <kṣāra> Ätzmittel, Salpeter
khāsa *m* <kāsa> Husten
khiṁkhiṇī *f* <kiṅkinī> Glöckchen
khitta *Adj PPP* <kṣipta> <weg>geworfen
khinna *Adj PPP* <khinna> *Psych* gedrückt, verdrossen
khippa *Adj* <kṣipra> rasch, schnell, eilig
khivai <kṣipati> werfen, schleudern; *PPP* **khitta**
khīṇa *Adj PPP* <kṣīṇa> verdorben, erschöpft
khīroya *m* <kṣīroda> *Myth* Milchmeer
khu *Adv* <khalu> freilich, allerdings
khujja *Adj* <kubja> bucklig, krumm
khuḍḍa *Adj* <kṣudra> klein, armselig, unbedeutend
khuppai <?> tauchen *intr*
khubbhai, **khubhai** <kṣubh> zittern, schwanken; *PPP* **khubhiya**
[1]**khura** m <khura> Huf, Klaue
[2]**khura** *m* <kṣura> (Rasier-)Messer; **~patta** *n* <kṣurapatra> Dolch
khuhā *f* <kṣudh> Hunger
kheḍaya *n* <kheṭaka> *Mil* Schild
kheḍḍā *f* <krīḍā> Spiel, Vergnügen
khetta *n* <kṣetra> Feld, Acker, Grundstück
khema *n* <kṣema> Heimstatt, Geborgenheit, Wohlergehen
kheya *m* <kheda> Ermüdung, Verdruss
khela *m* <kheṭa> Speichel, Schleim
khobhaṇa *n* <kṣobhaṇa> Aufregung, Erschütterung, Schreck

g

gaa *Adj PPP* <gata> gegangen
gaaṇa *n* <gagana> Himmel, Luftraum
gai *f* <gati> 1. Gang, Verlauf; 2. Zuflucht
gaiṁda *n* <gajendra> riesiger Elefant
gaurava *n* <gaurava> 1. Schwere; 2. Würde, Ehrfurcht

gaṁṭhi *m* <granthi> Knoten
gaṁḍa *m* <gaṇḍa> Wächter
gaṁḍuya *n* <gaṇḍu> Kopfkissen
gaṁdha *m* <gandha> Geruch, Duft
gaṁdhavva *m* <gāndharva> *einen Tanz begleitender Gesang*
gaṁbhīra *Adj* <gambhīra> 1. *Meer*, *Ton*, *Psych* tief; 2. großartig, bedeutend
gacchai <gacchati *von* gam> gehen; *PPP* **gaa**, **gaya**
gajjiya *n* <garjita> Gebrüll, Tosen, Donnern
gajjha *Adj* <garhya> tadelnswert
gaṇa *m* <gaṇa> Schar, Gefolge
gaṇavai *m* <gaṇapati> *Jin* Mönchsscharenleiter
gaṇiyā *f* <gaṇikā> Hetäre
gaṇettī *f* <Deśī> *Art Rosenkranz*
[1]**gatta** *n* <garta> Graben, Grube
[2]**gatta** *n* <gātra> Körper, Leib
gada *Adj PPP* <gata> gegangen
gabbha *m* <garbha> 1. Bauch, Mutterleib; 2. Fötus, Embryo
gamaṇa *n* <gamana> Gehen, Gang
gamei <gamayati> *Kaus von* gacchai
[1]**gaya** <gata> **I.** *Adj PPP von* **gacchai** 1. gegangen; 2. vergangen; 3. eingetreten; **II.** *n* Gang
[2]**gaya** *m* <gaja> Elefant
gayaṇa *n* <gagana> Himmel, Luftraum
gayā *f* <gadā> *Myth Keule des Viṣṇu-Kr̥ṣṇa*
garala *n* <garala> Gift
garihai <garh> schelten, tadeln
garuya *Adj* <garuka> schwer; bedeutend
gala *m* <gala> Hals, Kehle
galai <gal> herabträufeln, verschwinden
gallakka *m* <galvaka> Kristall
gaviṭṭha *Adj PPP von* **gavesai** <gaveṣita> gesucht
gavesai <gaveṣ *Denom*> suchen
gavviya *Adj* <garvita> stolz, hochmütig
[1]**gaha** <grah> ergreifen, nehmen; *PPP* **gahiya**
[2]**gaha** *m* <graha> 1. Ergreifen, Raub; 2. *Jin Myth* Planet
gahaṇa *n* <gahana> 1. Walddickicht; 2. (aride) Einöde
gahavai *m* <gr̥hapati> Hausvater
gahāya *Postp mit Akk* <adāya> mit

gahiya *Adj PPP* <gr̥hīta> 1. ergriffen, genommen, angeeignet; 2. begriffen, wahrgenommen
gahira *Adj* <gabhīra> tief
gāa <gai> singen
gāī *m* <go> Rind, Kuh, Stier, Ochse
gāuya *n* <gavyūti *f*> *ein Längenmaß* (*etwa drei Kilometer*)
gāḍha *Adj PPP* <gāḍha> 1. tief; 2. stark, heftig
gāma *m* <grāma> Dorf
gāmaṇī *m* <grāmaṇī> Bürgermeister
gārava *m* <gaurava> 1. Würde, Macht; 2. Hochmut, Stolz
gāvi *f* <go> Rind, Kuh, Stier, Ochse
[1]**gāhā** *f* <gr̥ha *m*, *n*> Haus, Wohnung
[2]**gāhā** *f* <gāthā> Strophe, Vers
gijjhai <gṛdh> gierig sein (nach), erstreben
giddha *m* <gr̥dhra> Geier
gimha *m* <grīṣma> Sommer
giri *m* <giri> Berg
gihi *m* <gr̥hin> Hausvater, Hausherr
gīya *n* <gīta> Gesang, Lied
gīvā *f* <grīva *m*> Hals, Nacken
guṁjai <guñj> brummen, summen
guccha *m* <guccha> Strauß, Bündel, Büschel
gujjha *n* <guhya> Geheimnis
guṇa *n* <guṇa> 1. Eigenschaft; 2. Tugend; 3. Bestandteil
gumma *m* <gulma> Strauch, Busch
guru <guru> **I.** *Adj* schwer, wichtig, würdig; **II.** *m Rel* Lehrer
gula *m* <guḍa> Melasse, Sirup
guliyā *f* <gulikā> 1. Kugel; 2. Pille
guvila *Adj* <gupila> durchdrungen
guhā *f* <guhā> Versteck, Höhle
gūḍha *Adj PPP* <gūḍha> geheim, verhüllt
gea *n* <geya> Gesang, Lied
gejjha *Adj Ger* <grāhya> zu greifen, zu nehmen, wahrzunehmen
geṇhai <gr̥hṇāti> greifen
geha *n* <geha> Haus, Wohnung
go *m*, *f* <go> Rind, Kuh, Stier, Ochse
goura *n* <gopura> Stadttor
goula *n* <gokula> Rinderherde
goccha *m* <guccha> Strauß, Bündel, Büschel

goṭṭhī *f* <goṣṭhī> Versammlung, Gesellschaft
goyara *m* <gocara> 1. *Jin* Bettelgang; 2. Gebiet, Bereich
gorasa *m* <gorasa> *bildh* Kuhmilch
golā *f ein Fluss* Godāvarī
gova *m* <gopa>, **govāla** *m* <gopāla> Hirt
govī *f* <gopī> Hirtenmädchen
govei <gopayati> verstecken
gosa *m, n* <Deśī> Morgen, Frühe
gosīsa *n* <gośīrṣa> 1. gelber Farbstoff; 2. *Art Sandelholz*

gh

ghaṭṭaṇa *n* <ghaṭṭaṇa> Zusammenstoß
ghaḍai <ghaṭ> sich anstrengen, sich bemühen
ghaṇa <ghaṇa> **I.** *Adj* 1. (über)voll, überschüssig; 2. fest, dicht, dick, zäh, kompakt; **II.** *m* 1. Wolke; 2. Hammer
ghattha *Adj PPP* <grasta> verzehrt, verschlungen
ghana *Adj* <ghana> fest, dicht
ghara *n* <gr̥ha> Haus
ghaya *n* <ghr̥ta> Butterschmalz, Fett
ghariṇī *f* <ghariṇī> Hausfrau, Gattin
gharisa *m* <gharṣa> Reibung
ghāya *m* <ghāta> Schlag, Hieb
ghāyaga *m* <ghātaka> Totschläger, Mörder
ghiṇā *f* <ghr̥ṇā> Mitleid
ghummai <ghūrṇ> schwanken, zucken
ghettavva *Adj Ger* <grāhya?> zu ergreifen, festzuhalten
ghora *Adj* <ghora> schrecklich, grausig, fürchterlich

c

ca *Konj* <ca> 1. und; 2. auch
caa <tyaj> aufgeben, verlassen; *PPP* **catta** <tyakta>
caai <tyajati> verlassen
caiya *Adj PPP* <tyakta> aufgegeben, verlassen
cau *Adj Num* <catur> vier
caukka *n* <catuṣka> *Platz, in den vier Straßen münden*
cauguṇa *Adj* <caturguṇa> vierfach
cauttha *Adj* <caturtha> vierter

cauddisiṁ *Adv* <caturdiśam> in alle vier Himmelsrichtungen

caunāṇa *n* <caturjñāna> *Jin die ersten vier Stufen der Erkenntnis*

caummuha *Adj* <caturmukha> 1. mit vier Gesichtern; 2. Palast mit vier Toren

cauraṁga *Adj* <caturaṅga> *Armee* vierteilig

caurāsī *f Num* <caturaśīti> vierundachtzig

caṁga *Adj* <Deśī> schön

caṁcala *Adj* <cañcala> beweglich, unstet

caṁḍa *Adj* <caṇḍa> heftig, ungestüm

caṁda *m* <candra> Mond

caṁdaṇa *m*, *n* <candana> Sandelbaum, -holz

caṁdimā *f* <candrikā> Mondschein

caṁpaga *m* <campaka> *Baumart* (Michelia champaka)

cakka *n* <cakra> 1. Rad; 2. Kreis; 3. Diskus

cakkamai (caṅkramate *Intens von* kram) hin und her gehen, wandern

cakkavaṭṭi *m* <cakravartin> Weltenherrscher, Großkönig

caccara *n* <catvara> viereckiger Platz

caḍula *Adj* <caṭula> *Psych* unstet, zerstreut

catta *Adj PPP* <tyakta> aufgegeben, verlassen

camakkāra *m* <camatkāra> Staunen

camara *m*, *n* <camara> Yak-Schweifwedel

camarī *f* <camarī> Yak-Kuh

camma *n* <carman> Haut, Fell

carai <carati> 1. gehen, wandern; 2. weiden; *PPP* **cariya**

carima *Adj* <carama> letzter, unterster

calaṇa *m* <caraṇa> Fuß

calaṇatala *n* <caraṇatala> Fußsohle

caveḍa *m* <capeṭa> *Schlag mit der flachen Hand*

cāujjāya *n* <cāturjāta> *Mischung aus Safran, Kardamom, Pfeffer und Zimt*

cāuvvejja *Adj* <cāturvaidya> die vier Veden kennend

cāmara *n* <cāmara> Yak-Schweifwedel

cāya *m* <tyāga> Aufgeben, Verlassen, Meiden

cāra *m* <cāra> 1. Gang, Lauf; 2. Spion

cāraṇa *m* <cāraṇa> 1. *Jin* Wandermönch; 2. Spion

cālīsa *Adj Num* <catvāriṁśat> vierzig

cāva *m* <cāpa> *Mil* Bogen

ciṁtai <cintayati> denken, nachdenken; *PPP* **ciṁtiya**

ciṁtā *f* <cintā> 1. Denken; 2. Sorge (um)

ciṁtei *s.* **ciṁtai**

ciṁdha *s.* **ciṇha**

ciṭṭhai <tiṣṭhati> stehen, sich befinden, sich aufhalten
ciṇai <ci> sammeln
ciṇṇa *Adj PPP von car* <cīrṇa> ausgeübt, betrieben, durchgeführt
ciṇha *n* <cihna> Merkmal, Zeichen
[1]**citta** *n* <citta> 1. Herz, Gemüt; 2. Geist, Verstand
[2]**citta** *Adj* <citra> glänzend, hell, bunt
cittagara *m* <citrakara> Maler
cittei <citray *Denom*> malen, zeichnen
ciyā *f* <citā> Scheiterhaufen
cira *Adj* <cira> *Zeit* lang
cīvara *n* <cīvara> *Buddh*, *Jin* Bettlerkleid, Mönchsgewand
cuṇṇa *m*, *n* <cūrṇa> 1. Puder; 2. Staub; 3. Kalk
cūa *m* <cūta> Mangobaum
cūya *Adj PPP* <cyuta> 1. gesunken; 2. verschwunden
ceia *m*, *n* <caitya> 1. Tempel; 2. Grabmal
ceṭṭhā *f* <ceṣṭā> Bewegung, Treiben, Vollbringen
ceḍaya *m* <ceṭaka> (junger) Diener, Sklave
ceḍiyā *f* <ceṭikā> Dienerin
ceyaṇa *n* <cetana> Geist, Verstand
ceva *Konj* <caiva> 1. gleichsam, wie; 2. sicherlich, fürwahr
coiya *Adj PPP* <codita> angetrieben, aufgefordert
cojja *n* <caurya> Diebstahl
coddasa *Adj Num* <caturdaśan> vierzehn
cora *m* <cora> Dieb
coriya *n* <caurya> Diebstahl

ch

cha *Adj Num* <ṣaṣ> sechs
chaṭṭha *Adj* <ṣaṣṭha> sechster
chaḍḍai <charday *Denom*> aufgeben, verlassen; *PPP* **chaḍḍiya**
chaḍḍī *f* <chardis *n*> Zufluchtsstätte
chaṇa *m* <kṣaṇa> 1. Fest; 2. Verletzung, Wunde
chaṇṇa *Adj PPP* <channa> geheim, verborgen
chatta *n* <chattra> Sonnenschirm
chamāsiya *Adj* <ṣaṇmāsika> sechs Monate während
chala *n* <chala> Täuschung, Betrug
chaliya *Adj PPP* <chalita> getäuscht, hintergangen
chavi *f* <chavi> Haut, Fell

chāyā *f* <chāyā> Schatten
chiṁdai <chinatti> 1. abschneiden; 2. spalten; *PPP* **chinna**, **chiṇṇa**
chijjai *Pass von* **chiṁdai**
chiḍḍa *n* <chidra> 1. Loch, Lücke; 2. Fehler, Mangel, Makel
chiṇṇa *Adj PPP* <chinna> abgeschnitten, gespalten
chippa *Adj* <kṣipra> schnell, rasch
chīrā *f* <sirā> *Anat* Schlagader
chuhai <kṣip> werfen
chuhā f <kṣudhā> Hunger
chūḍha *Adj PPP* <?> geworfen, geschleudert, gestoßen
[1]chea *Adj* <cheka> gewandt, geschickt
[2]chea *m* <cheda> Schnitt
chetta *n* <kṣetra> Ort, Gegend, Gebiet
cheppa *m* <śepa> Schwanz
choiya *Adj PPP* <choṭita> gestoßen, zerbrochen

j

[1]jai *Konj* <yadi> wenn
[2]jai *m* <yati> Asket, Heiliger
jau *n* <jatu> Lack, Gummi
jauṇā *f Geogr* Yamunā
[1]jao *Adv* <yatas> 1. von wem, woher; 2. da, weil
[2]jao *Adv* <yatra> wo, wohin (*rel*)
jaṁ I. *Pron rel n Nom Sg* <yad> das, welches; **II.** *Konj* so dass, damit
jaṁghā *f* <jaṅghā> Bein, Unterschenkel
jaṁta *n* <yantra> Apparat, Maschine
jaṁpai <jalp> sprechen, schwatzen
jaṁbū *m* <jambū> Rosenapfelbaum (Eugenia jambolana)
jakkha *m* <yakṣa> Spukgestalt, Geist, Dämon
jaggai <jāgrati> wachsam sein, bewachen
jaṭṭhi *f* <yaṣṭi> Keule, Stock
jaḍā *f* <jaṭā> Haarflechte
jajjariya *Adj* <jarjarita> gebrechlich, morsch
jaṇa *m* <jana> 1. Mensch, Person; 2. Volk
jaṇaya *m* <janaka> Vater
jaṇaṇī *f* <jananī> Mutter
jaṇavaya *m* <janapada> 1. Land, Reich; 2. Volk
jaṇei *Kaus* <janayati> erzeugen, hervorbringen, bewirken; *PPP* **jaṇiya**

jaṇṇa *m* <yajña> Opfer, Opfergabe
jatta *n* <yatna> Anstrengung, Mühe
jattā *f* <yātrā> 1. Gang, Fahrt, Reise; 2. Pilgerfahrt, *Rel* Prozession
jattha *Adv* <yatra> wo, wohin (*rel*)
jama *m* <yama> Tod, Todesgott
jamma *m*, *n* <janman> Geburt, Entstehung
[1]**jaya** *n* <jagat> Welt
[2]**jaya** *m* <jaya> Sieg
jayā *Konj* <yadā> wann, wenn
jara *m* <jvara> Fieber
jaraḍha *Adj* <jaraṭha> alt, abgenutzt
jarā *f* <jarā> Alter
jala *n* <jala> Wasser
jalai <jvalati> flammen, leuchten; *PPP* **jaliya**
jalaṇa *n* <jvalana> 1. Wut, Zorn; 2. Brennen, Leuchten
jalahara *m* <jaladhara> *bildh* Regenwolke
jalla *n* <yalla> Schweiß
java *m* <javas *n*> Geschwindigkeit, Schnelligkeit
jasa *n* <yaśas> Ruhm, Ehre
jaha *Adv* <yathā> womit, wie, demgemäß
jahā, **jahai** <hā> aufgeben, verlassen
[1]**jā** *Pron rel f Nom Sg* <yā> die, welche
[2]**jā** *Adv* <yāvat> bis, sobald als, solange, während
jāa *Adj PPP* <jāta> erzeugt, geboren, geworden
[1]**jāi** <yā> gehen
[2]**jāi** *f* <jāti> 1. Familie, Geschlecht, Sippe; 2. soziale Gruppe, Stand
jāimaraṇa *n* <jātimaraṇa> Geburt und Tod
jāiya *Adj PPP* <yācita> gebeten, erbeten
jāisaraṇa *n* <jātismaraṇa> Erinnerung an (frühere) Geburten
jājīvaṁ *Adv* <yāvajjīvam> lebenslänglich
[1]**jāṇa** *n* <jñāna> Wissen, Erkenntnis
[2]**jāṇa** *n* <yāna> Fahrzeug, Wagen
jāṇai <jānāti> wissen, erkennen
jāṇāvei *Kaus von* **jāṇai** <jñāpayati> benachrichtigen, mitteilen
jāṇu *m* <jānu> Knie
jāṇudesa *m* <jānudeśa> Kniegegend
jāmāuya *m* <jāmātr̥ka> Schwiegersohn
jāmiṇī *f* <yāminī> Nacht
jāyā *f* <jāyā> Frau, Ehefrau

jālā *f* <jvālā> Flamme
jāva *Adv* <yāvat> 1. *Raum* wie groß; 2. *Zeit* wie lang
jāva – tāva Adv <yāvat – tāvat> während – da
jāhe *Konj* <yarhi> wann, wenn, als
jiṇai <ji, jayati> besiegen, erobern
jiṇṇa *Adj PPP* <jīrṇa> alt, abgenutzt, verfallen
jibbhā *f* <jihvā> Zunge
jiya *Adj PPP* <jita> besiegt, erobert
jīva *m* <jīva> Leben, Lebewesen
jīhā *f* <jihvā> Zunge
juai *f* <yuvatī> Jungfrau
juṁjai <yunakti> verbinden, vereinen; *PPP* **jutta**
jugucchā *f* <jugupsā> Abscheu, Ekel
jujjha *n* <yuddha> Kampf, Schlacht
juṇṇa *Adj PPP* <jīrṇa> gebrechlich, morsch
jutta *Adj PPP* <yukta> 1. angeschirrt, angespannt; 2. verbunden, vereinigt; 3. fähig, geeignet
juyala *n* <yugala> Paar
juvāṇa *Adj* <yuvan> im Jünglingsalter stehend
jūyara *m* <dyūtakārin> Spieler
jūha *n* <yūtha> Herde, Schar
je *Pron rel Nom Pl* <ye> welche
jeṭṭha *Adj* <jyeṣṭha> ältester
jo *Pron rel m Nom Sg* <yaḥ> der, welcher
joaṇa *n* <yojana> 1. Verbindung; 2. *ein Längenmaß* (*etwa zwei geographische Meilen*)
joei *s.* **joya**
joga *m* <yoga> 1. Verbindung; 2. Erwerb, Besitz, Macht; 3. Aufmerksamkeit, Konzentration
jogga *Adj* <yogya> geeignet, passend, brauchbar, fähig
joṇi *f* <yoni> 1. Schoß, Mutterleib; 2. Ursprung
joṇhā *f* <jyotsnā> Mondschein
joya, **joei** <yunakti> 1. anspannen; 2. verbinden, vereinigen
jovvaṇa *n* <yauvana> Jugend, Jugendalter

jh

jhaḍatti *Adv* <jhaṭiti> plötzlich, sofort
jhāi <dhyāti> denken, sinnen, überlegen

jhāṇa *n* <dhyāna> Andacht, Meditation
jhīṇa *Adj PPP* <kṣīṇa> ausgezehrt

ṭ

ṭaṁka *m* <ṭaṅka> Meißel

ṭh

ṭhakkura *m* <ṭhakkura> *Ehrentitel*
^{1}**ṭhāi** <tiṣṭhati> stehen, verweilen, bleiben; *PPP* **ṭhiya**
^{2}**ṭhāi** *Adj* <sthāyin> 1. stehend; 2. beständig, dauerhaft
ṭhāṇa *n* <sthāna> 1. Stehen, Bleiben, Verweilen; 2. Stelle, Ort
ṭhāvaṇa *n* <sthāpana> Aufstellung
ṭhāvei *Kaus* <sthāpayati> 1. hinstellen, -legen, -setzen; 2. *einen Beamten etc.* einsetzen; *PPP* **ṭhaviya**
ṭhia *Adj PPP* <sthita> 1. stehend; 2. befindlich an *oder* in; 3. entschlossen; 4. fest, regelmäßig
ṭhii *f* <sthiti> 1. Stehen, Aufenthalt; 2. Lage, Situation; 3. Beständigkeit, Dauer

ḍ

ḍakka *n* <daṣṭa *PPP*> 1. Biss; 2. Stich
ḍajjhai *Pass von* ḍahai
ḍasai <daṁś, daśati> 1. beißen; 2. stechen
ḍahai <dahati> brennen *tr u. intr*
ḍahaṇa *n* <dahana> Brennen
ḍāiṇī *f* <ḍākinī> Menschenfresserin, Hexe
ḍāla *m*, *n*, **ḍālā** *f* <ḍāla> Ast, Zweig
ḍiṁbha *m* <ḍimbha> Neugeborenes, Kind
ḍoya *m* <Deśī> Quirl
ḍohala *n* <dohada> Schwangerschaftsgelüste, Idiosynkrasie

ḍh

ḍhaṁka *m* <dhaṅka> Krähe
ḍhakkai <chad *Kaus*> bedecken, verhüllen
ḍhakkā *f* <ḍhakkā> große Trommel
ḍhoyai <ḍhaukayati *Kaus*> bringen, überreichen

ṇ

ṇa *Adv* <na> nicht

ṇaaṇa *n* <nayana> Auge

ṇaara *n* <nagara> Stadt

ṇaararakkhiya *m* <nagararakṣin> Stadtwächter

ṇaī *f* <nadī> Fluss; **~tīra** *n* <nadītīra> Flussufer

ṇaṁ <?> 1. *verstärkende Partikel*; 2. *Füllwort*

ṇaṁdaṇa *n* <nandana> 1. *m* Sohn, Nachkomme; 2. *n* Freude, Lust

ṇapuṁsaya *m* <napuṁsaka> Eunuch, Impotenter; Zwitter

ṇakkha *m* <nakha> *Anat* Nagel, Kralle

ṇakkhatta *n* <nakṣatra> Sternbild

ṇaga *m* <naga> Berg

ṇagga *Adj* <nagna> nackt, bloß

ṇaggoha *m* <nyagrodha> *Baumart* (Ficus indica)

ṇaccai <nr̥tyati> tanzen

ṇajjai *Pass* <jñāyate> es ist bekannt

ṇaṭṭaa *m* <nartaka> Tänzer

ṇaṭṭiyā *f* <nartikā> Tänzerin

ṇaṭṭha *Adj PPP* <naṣṭa> zerstört, verdorben, verloren, verschwunden

ṇaṭṭhi <nāsti> ist nicht

ṇaḍa *m* <naṭa> Schauspieler

ṇabha *n* <nabhas> Himmel, Luftraum

ṇamai <namati> sich verneigen; *PPP* **ṇamiya**

ṇamokkāra *m* <namaskāra> Verneigung, (ehrfürchtige) Begrüßung

ṇara *m* <nara> Mann, Mensch, Person

ṇaraya *m* <naraka> Hölle, Unterwelt

ṇariṁda *m* <narendra> *bildh* König („Menschenherr“)

[1]**ṇava** *Adj* <nava> neu, frisch

[2]**ṇava** *Adj Num* <navan> neu

ṇavaraṁ *Adv* <navaram> außerdem

ṇavari *Adv* <?> nur

ṇaha *m* <nakha> Fingernagel

ṇahayala *n* <nabhastala> Himmel

ṇāa *Adj PPP* <jñāta> gewusst, erkannt, verstanden

ṇāūṇa *Abs* <jñātvā> erkannt habend, verstanden habend

ṇāga *m* <nāga> 1. Schlange; 2. Elefant

ṇāgaraya *m* <nāgaraka> Stadtbewohner, Städter

ṇāḍaya *n* <nāṭaka> *Theat* Drama, Schauspiel

ṇāṇa *n* <jñāna> Wissen, Erkenntnis
ṇāṇāviha *Adj* <nānāvidha> verschieden, mannigfach
ṇāma *n* <nāman> (Personen-)Name
ṇārāya *n* <nārāca> Pfeil
ṇārī *f* <nārī> Frau
ṇāsa *m* <nāśa> Zerstörung
ṇāsigā *f* <nāsikā> Nase
ṇāha *m* <nātha> Herr, Gebieter
ṇia, ṇiya *Adj PPP* <nīta> geführt, geleitet
ṇiaṁba *m* <nitamba> Hinterer, *Anat* Anus
ṇiacchai <ni-yacchati, ni-yamati> bändigen, zügeln
[1]**ṇiatta** *Adj PPP* <nivr̥tta> zurückgekehrt
[2]**ṇiatta** *Adj* <nitya> unvergänglich, ewig
ṇiala *n* <nigaḍa> (Fuß-)Fessel, Kette
ṇiuṁja *m* <nikuñja> Gebüsch
ṇiuṇa *Adj* <nipuṇa> geschickt, gewandt, erfahren
ṇiutta *Adj PPP* <niyukta> 1. in Angriff genommen, begonnen; 2. beauftragt
ṇioga *m* <niyoga> 1. Auftrag, Befehl; 2. Handlung, Unternehmung
ṇiṁdai <nindati> tadeln; *PPP* **ṇiṁdiya**
ṇiṁba *m* <nimba> *Pflanzenart aus der Gattung Azadirachta, insbesondere A. indica*
ṇikeya *m* <niketa> Wohnung, Wohnstatt
ṇikkamai <niṣ-kramati> hinausgehen, weggehen; *PPP* **ṇikkaṁta** <niṣkrānta>
ṇikkāraṇa *Adj* <niṣkāraṇa> grundlos, keine Ursache habend
ṇikkiva <niṣkr̥pa> grausam, mitleidlos, unbarmherzig
ṇikkhamaṇa *n* <niṣkramaṇa> Hinausziehen (*als Mönch*)
ṇikkhitta *Adj PPP* <nikṣipta> hingestellt, niedergelegt
ṇikkhivai <ni-kṣipati> 1. niedersetzen, deponieren; 2. wegwerfen; *PPP* **ṇikkhitta** <nikṣipta>
ṇigūhai <ni-gūhati> verbergen; *PPP* **ṇigūḍha**
ṇiggaa *Adj PPP* <nirgata> herausgekommen, weggegangen
ṇiggama, **ṇigacchai** <nir-gam> hinausgehen; *PPP* **ṇiggaya** <nirgata>
ṇiggaha *m* <nigraha> 1. Verbot; 2. Bestrafung
ṇigghiṇa *Adj* <nirghr̥ṇa> grausam, mitleidlos
ṇigghosa *m* <nirghoṣa> Geräusch, Lärm
ṇicaya *m* <nicaya> Anhäufung, Menge, Vorrat
ṇiccaṁ *Adv* <nityam> ständig, stets
ṇiccala *Adj* <niścala> unbeweglich
ṇiccaso *Adv* <nityaśas> ständig, fortwährend

ṇicceyaṇa *Adj* <niścetana> besinnungslos
ṇicchaya *n* <niścaya> Beschluss, Entscheidung
ṇijjai <nir-jayati> besiegen
ṇijjāyaṇa *n* <niryātana> Vergeltung
ṇiṭṭhavaṇa *n* <niṣṭhāpana> Hervorbringen, Erzeugung, Zufügung
ṇiṭṭhiya *Adj PPP* <niṣṭhita> 1. standhaft, treu; 2. befindlich an *oder* auf
ṇiṭṭhura *Adj* <niṣṭhura> *Psych* rau, roh, grausam
ṇiṭṭhuhaṇa *n* <niṣṭhīvana> Speichel
ṇiḍāla *n* <lalāṭa> Stirn
ṇiṇṇa *Adj* <nimna> vertieft, tief, niedrig
ṇiddahai <nir-dahati> niederbrennen
ṇiddā *f* <nidrā> Schlaf
ṇiddha *Adj* <snigdha> 1. ölig, fettig; 2. sanft, weich, liebevoll
ṇiddhaṇa *Adj* <nirdhana> besitzlos, arm
ṇippaṇṇa *Adj PPP* <niṣpanna> vollendet, fertig
ṇippabha *Adj* <niṣprabha> stumpf, fahl, glanzlos
ṇippaha *Adj* <niṣprabha> stumpf, fahl, glanzlos
ṇippīlaṇa *n* <niṣpīḍana> Auswringen
ṇipphala *Adj* <niṣphala> fruchtlos, unfruchtbar
ṇibaṁdhai <ni-badhnāti> binden, fesseln
ṇibbaṁdha *m* <nirbandha> (hartnäckige) Überredung
ṇibbhaya *Adj* <nirbhaya> furchtlos
ṇibbhara *Adj* <nirbhara> heftig, stark
ṇimaṁtei <ni-mantray *Denom*> einladen
ṇimitta *n* <nimitta> Ursache, Veranlassung
ṇimesa *m* <nimeṣa> Augenschließen, Blinzeln
ṇimmala *Adj* <nirmala> fleckenlos, makellos
ṇimmāṇusa *Adj* <nirmānuṣa> menschenleer
ṇimmāya <nir-mā> erbauen
ṇimmiya *Adj PPP* <nirmita> erbaut, errichtet
¹ṇiya *s.* **ṇia**
²ṇiya *Adj* <nija> eigen, gehörend, innerlich
ṇiyaṁtiya *Adj PPP* <niyantrita> beherrscht, gebändigt
ṇiyaṁba *m* <nitamba> Hinterer, *Anat* Anus
ṇiyaṁsai <ni-vasati> *Kleidung* ausziehen; *PPP* **ṇiyatthiya**
ṇiyaḍa *Adj* <nikaṭa> nahe gelegen
ṇiyattai <ni-vartate> zurückkehren
ṇiyama *m* <niyama> Notwendigkeit, Regel, Zwang
ṇiyara *m* <nikara> Haufen, Menge

ṇiyāṇa *n* <nidāna> *Jin Erwartung einer Belohnung für Askese*
ṇiraṁjaṇa <nirañjana> *Psych* rein, leidenschaftslos
ṇiraṁtaraṁ *Adv* <nirantaram> ununterbrochen, ständig
ṇirāua *Adj* <nirāyus> leblos
ṇirāṇaṁda *Adj* <nirānanda> freudlos, traurig
ṇirāmaya *Adj* <nirāmaya> gesund
ṇirikkhaṇa *n* <nirīkṣaṇa> genaue Prüfung, eingehende Untersuchung
ṇiruddha *Adj PPP* <niruddha> 1. vertrieben; 2. verhüllt, verdeckt
ṇiruvama *Adj* <nirupama> unvergleichlich
ṇirussāha *Adj* <nirutsāha> kleinmütig, schlaff, träge
ṇirūvei <nirūpayati *Kaus*> untersuchen; *PPP* **ṇirūviya**
ṇilaya *m* <nilaya> Wohnung, Lager, Aufenthaltsort
ṇilāḍa *n* <lalāṭa> Stirn
ṇilukka *Adj* <nirlokya> versteckt, verborgen
ṇillajja *Adj* <nirlajja> schamlos
ṇiva *m* <nr̥pa> *bildh* König
ṇivaṇṇa *Adj PPP* <nipanna> hingelegt, niedergelegt
ṇivasaṇa *n* <nivasana> Kleid, Gewand
ṇivaha *m* <nivaha> Schar, Menge
ṇivāṇasālā *f* <nipānaśālā> Trinkhalle
ṇivāriya *Adj PPP* <nivārita> abgewehrt, verboten
ṇivāsa *m* <nivāsa> Wohnsitz, Behausung
ṇiviḍa *Adj* <nibiḍa> 1. dicht; 2. niedrig
ṇivutta *Adj PPP* <nivr̥tta> zurückgekehrt
ṇivesai <ni-viś *Kaus*> aufstellen, errichten
ṇivesa *m* <niveśa> Eintritt
ṇivvāṇa *n* <nirvāṇa> *Buddh* Erlösung
ṇivvāvei <nirvāpayati> ausgießen, löschen, stillen
ṇivviṇṇa *Adj PPP* <nirviṇṇa> betrübt, bekümmert
ṇivvui *f* <nirvr̥ti> Zufriedenheit, Glück
ṇivvuya *Adj PPP* <nirvr̥ta> *Psych* ruhig, zufrieden
ṇivvūḍha *n* <nirvyūḍha> Vollendung
ṇivveya *m* <nirveda> 1. Überdruss; 2. Gleichgültigkeit
ṇisaṇṇa *m* <nisarga> Wesen, Natur, Charakter
ṇisamma *Abs* <niśamya> durchdacht habend
ṇisiara *m* <niśicara> Nachtmahr, Unhold
ṇisiṇāha *m* <niśinātha> *bildh* Mond („Herr der Nacht“)
ṇisiya *Adj PPP* <niśita> gewetzt, scharf
ṇisuṇei <ni-śru> hören; *PPP* **ṇisuya**

ṇisevai <ni-sevate> 1. genießen; 2. bedienen; 3. bewohnen

ṇissaṁka *Adj* <niḥśaṅka> unbesorgt, furchtlos, sorglos

ṇihaṇai <ni-hanti> 1. niederwerfen, fällen; 2. töten

ṇihaya *Adj PPP* <nihata> niedergestoßen, getötet

ṇihasa *m* <nikaṣa> Einreibung

ṇihāṇa *n* <nidhāna> Sammlung, Schatz

ṇihāya *m* <nighāta> Schlag, Hieb

ṇihi *m* <nidhi> Sammlung, Schatz

ṇihitta *Adj PPP* <nikṣipta> hingewendet; niedergelegt

ṇihua *Adj* <nibhr̥ta> 1. geheim, verborgen; 2. friedlich, still; 3. treu, zuverlässig; 4. unbeweglich, fest

ṇīa *Adj PPP* <nīta> geführt, geleitet, gebracht

ṇīi *f* <nīti> 1. (gutes) Betragen; 2. Diplomatie, Staatskunst; **~sattha** *n* <nītiśāstra> Politologie

ṇīṇei <nis-nī> hinausführen, wegbringen; *PPP* **ṇīṇiya**

ṇīla *Adj* <nīla> (schwarz)blau, schwarz

ṇīlapaḍa *n* <nīlapaṭa> schwarzer Umhang

ṇīsaṁka *Adj* <niḥśaṅka> unbesorgt, furchtlos, sorglos

ṇīsasai <nis-śvasati> 1. ausatmen; 2. seufzen; *PPP* **ṇīsāsiya**

ṇīsāmaṇṇa *Adj* <niḥsāmānya> außerordentlich

ṇīsāsa *m*, *n* <niḥśvāsa> Ausatmen, Seufzer

ṇīsesa *Adj* <niḥśeṣa> restlos, vollständig

ṇu *Indekl* <nu> *Fragepartikel*

ṇuvaṇṇa *Adj PPP* <niṣaṇṇa> hingesetzt, Platz genommen

ṇūṇa *Adj* <nyūna> weniger, mangelhaft

ṇūṇaṁ *Adv* <nūnam> 1. jetzt, gerade jetzt; 2. gewiss, sicherlich

[1]**ṇe** *Pron pers 1. Pers Pl* <naḥ> 1. wir; 2. unser

[2]**ṇe, ṇei** <nayati> bringen, führen

ṇea *Adj* <naika> 1. mancher; 2. *Pl* viele, verschiedene

ṇecchiya *Adj PPP* <necchita> unerwünscht

ṇemittiya *m* <naimittika> Wahrsager

ṇeraiya *m* <nairayika> Höllenbewohner

ṇevaccha *n* <nepathya> Garderobe, Kostüm

ṇeha *m* <sneha> Zuneigung, Liebe

ṇomāliyā *f* <navamālikā> arabischer Jasmin

ṇollai <nudati> 1. stoßen; 2. antreiben, vertreiben, entfernen; *PPP* **ṇolliya**

ṇhāi <snāti> baden; *PPP* **ṇhāya**

ṇhāṇa *n* <snāna> Baden

ṇhāru *n* <snāyu> *Anat* Sehne

ṇhāviya *Adj PPP* <snāpita> gebadet
ṇhusā *f* <snuṣā> Schwiegertochter

t

taiya *Adj* <tr̥tīya> dritter
taī *Pron pers Lok Sg 2. Pers* <tvayi> in dir
tau *n* <trapu> Zinn
tauya *n* <trapu> Zinn
tae *Pron pers 2. Pers Sg Instr* <tvayā> durch dich
tao *Adv Abl* <tatas> 1. daher, darum; 2. dann, danach
[1]**taṁ** *Pron pers 3. Pers n Nom u. Akk Sg* <tad> es, das, dies
[2]**taṁ** *Pron pers 3. Pers m Akk Sg* <tam> ihn, den
taṁti *f* <tantri> 1. Saite; 2. Leine, Strick
taṁba *n* <tāmra> Kupfer
taṁbola *m* <tāmbūla> *Bot* Betel (Piper betle)
takka *n* <takra> verdünnte Buttermilch
takkara *m* <taskara> Dieb
takkhaṇaṁ *Adv* <tatkṣaṇam> augenblicklich, unverzüglich
tacca *Adj* <tathya> tatsächlich, wahr
taṭṭha *Adj PPP* <trasta> zitternd, erschrocken
taḍa *n* <taṭa> Ufer, Rand
taḍi *f* <taḍit> Blitz; **~daṇḍa** *m* Blitzstrahl
taṇa *n* <tr̥ṇa> Gras, Grashalm
taṇaya *m* <tanaya> Sohn
taṇu *f* <tanu> Körper
taṇua *Adj* <tanuka> kurz, klein, gering
taṇuī *f* <tanvī> schlankes Mädchen
taṇhā *f* <tr̥ṣṇā> 1. Durst; 2. Begierde, Verlangen
[1]**tatta** *n* <tattva> 1. Wahrheit, Realität; 2. *Phil* Essenz, Grundprinzip
[2]**tatta** *Adj PPP* <tapta> erhitzt, glühend
[3]**tatta** *Adv* <tatra> dort
tatto *Adv* <tatas> 1. von dort; 2. danach, darauf
tattha *Adv* <tatra> dort
tadīya *Adj* <tvadīya> dein, deinig
tappara *Adj* <tatpara> ganz (mit einer Sache) beschäftigt
tama *n* <tamas> Dunkelheit, Finsternis
tamā *f* <tamā> *Astron, Geogr* Nadir
[1]**tayā** *f* <tvac> Haut, Fell

[2]tayā *Adv* <tadā> dann, danach
tarai <tarati> hinübersetzen, retten
taru *m* <taru> Baum
taruṇa *m* <taruṇa> Jüngling
taruṇī *f* <taruṇī> Mädchen
tala *m* <tala> Grund, Boden, Ebene
talavara *m* <talavara> 1. Stadtwächter; 2. Steuereintreiber
talāga *n* <taḍāga> Teich
taliṇa *Adj* <talina> dünn, schlank
tava *n* <tapas> 1. Glut, Hitze; 2. Askese
tavaṇa *n* <tapana> *bildh* Sonne
tavassi *m* <tapasvin> Asket
taviya *Adj PPP* <tapta> erhitzt, heiß
tasiya *Adj PPP* <trasta> zitternd, erschrocken
tassa *Pron dem 3. Pers m Sg Gen* <tasya> dessen, sein
taha *Adv* <tathā> so, ebenso, ferner
tahā *s.* **taha**
tahāviha *Adj* <tathāvidha> derartig, solch
tā *Pron dem Abl Sg* <tasmāt> daher, deshalb
tāe *Pron pers 3. Pers Sg f Instr* <tayā> durch sie; *Gen* <tasyāḥ> von ihr; *Lok* <tasyām> bei ihr, in ihr
tāḍei <tāḍayati> peinigen, quälen
tāṇa *n* <trāṇa> Schutz
tāya *m* <tāta> Vater
tārā *f* <tārā> Planet, Stern, Sternbild
tārisa *Adj* <tādr̥śa> solch, derartig
tāruṇṇa *n* <tāruṇya> Jugend, Jugendfrische
tāva *m* <tāpa> Glut, Hitze
tāvasa *m* <tāpasa> *bes Jin* Büßer, Asket
tāsa *s.* **tassa**
tāhiṁ *Adv* <tatra> dort
[1]ti *Adv* <iti> so; *hervorhebende Partikel*
[2]ti *Adj Num* <tri> drei
tikkha *Adj* <tīkṣṇa> 1. scharf, spitz; 2. heftig, rau
tiṇa *n* <tr̥ṇa> Gras
tiṇṇi *Adj Num n Nom* <trīṇi> drei
tittha *n* <tīrtha> 1. Wallfahrtsort; 2. *Jin* Orden, Gemeinde; **~yara** *m* <tīrthaṅkara> *Jin* Religionsstifter, Reformator
timira *n* <timira> Dunkelheit

tiya *n* <trika> Dreizahl, Dreiergruppe, dreieckiger Platz
tiriya, tiriccha <tiryac> **I.** *Adj* 1. gebogen, krumm; 2. schief, quer, schräg; **II.** *m* Tier
tiloga *m* <triloka> Dreiwelt (*Himmel, Erde, Unterwelt*)
tiviha *Adj* <trividha> dreifach
tisaraya *n* <trisaraka> aus drei Schnüren bestehende Halskette
tisūla *n* <triśūla> Dreizack
tissā *Pron dem Gen Sg f* <tasyāḥ> von dieser, von ihr
tihi *m* <tithi> lunarer Tag
tīra *n* <tīra> Ufer
tīrai *Pass* <tīryate> es wird ausgeführt, vollbracht
tīsa *Adj Num* <triṁśat> dreißig
tīsu *Adj Num Lok* <triṣu> in drei
tu *Konj* <tu> aber, doch, jedoch, indessen
tuṁga *Adj* <tuṅga> hoch, erhöht, erhaben
tuṁḍa *n* <tuṇḍa> Mund, Maul, Schnabel
tuccha *Adj* <tuccha> eitel, leer, nichtig, unbedeutend
tucchatta *n* <tucchatva> Bedeutungslosigkeit, Wertlosigkeit
tujjha *Pron pers 2. Pers Gen Sg* <tubhyam> dein, von dir
tuṭṭa *Adj PPP* <truṭṭa> zerfallen, geborsten
tuṭṭha *Adj PPP* <tuṣṭa> erfreut, zufrieden
tuṇṇāga *m* <tūrṇaga> zudringlicher Bettler
tuṇhikka *Adj* <tūṣṇīka> *Mönch*, ein Schweigegelübde beobachtend
tumaṁ *Pron pers 2. Pers Sg Nom* <tvam> du
tumma *Pron pers 2. Pers Sg Gen* <tava> von dir, dein
tumhārisa *Adj* dir ähnlich
tumhe *Pron pers 2. Pers Nom Pl* <yuṣmad, yūyam> ihr
turaya *m* <turaga> *bildh* Pferd
turita *Adj PPP* <tvarita> eilig
turukka *n* <turuṣka> Weihrauch, Olibanum
tulla *Adj* <tulya> gleich, gleichbedeutend
tuvarai <tvarate> eilen
tuha *Pron pers 2. Pers Sg Gen* <tava> von dir, dein
tūliyā *f* <tūlaka> Baumwolle
tūsai <tuṣyati> sich freuen
te *Pron dem 3. Pers Pl m* <te> diese
teya *m* <tejas *n*> 1. Hitze, Glut; 2. Glanz
tella *n* <taila> (Sesam-)Öl
tevaṭṭhi *f Num* <triṣaṣṭi> dreiundsechzig

to *Adv* <tataḥ> daher, deshalb
toya *n* <toya> Wasser
tolaṇa *n* <tolana> Wägen
tosiya *Adj PPP* <toṣita> erfreut, zufriedengestellt
tti *Adv* <iti> so; *schließt die direkte Rede*
[1]**ttha** *Präs 2. Pers Pl* <stha> ihr seid
[2]**ttha** (-/~) *Adj* <stha> stehend (auf), befindlich (in)
tthaṇai <stanati> 1. jammern, klagen; 2. donnern, dröhnen

th

thaiyā *f* <sthagī> Behälter, Büchse
thaṁbha *m* <stambha> 1. Pfosten, Pfeiler, Säule; 2. Stütze; 3. Hochmut, Dünkel; 4. Hemmung
[1]**thakka** <phakkati> 1. anhalten *intr*; 2. schwellen
[2]**thakka** *m* (Deśī) rechter Zeitpunkt, Gelegenheit
thaṇa *m* <stana> *Anat* Mamma, Busen
thala *n* <sthala> Erdboden, Fußboden, Oberfläche
thavai *m* <sthapati> Architekt, Baumeister
thāṇu *m* <sthāṇu> Pflock, Pfosten
thāma *n* <sthāman> 1. Standort; 2. Kraft, Macht
thāla *n* <sthāla> Schüssel, Topf
thāha *m* <sthāga> seichtes Wasser, Untiefe
thia *Adj PPP* <sthita> gestanden
thira *Adj* <sthira> 1. fest, unbeweglich; 2. vollendet, fertig
thui *f* <stuti> Lobpreisung
thuṇai <stauti> lobpreisen; *Pass* **thuvvai**
thera <sthavira> **I.** *Adj bes Jin* ehrwürdig; **II.** *m* Ehrwürdiger, *Rel* Ältester
therī *f* <sthavirā> 1. Greisin; 2. *Jin* Nonne
theva Adj <stoka> klein, gering, wenig
thoaṁ *Adv* <stokam> ein wenig, ein bisschen
thora *Adj* <sthūra> fest, wuchtig

d

daiyā *f* <dayitā> Geliebte
daṁḍa *m* <daṇḍa> Stock, Stab
daṁta *m* <danta> Zahn
daṁti *m* <dantin> Elefant

[1]**daṁsai** <dr̥ś *Kaus*> zeigen
[2]**daṁsai** <daśati> beißen
[1]**daṁsaṇa** m <daśana> Zahn
[2]**daṁsaṇa** n <darśana> 1. Anblick; 2. Ansicht, Meinung
dakkha *Adj* <dakṣa> gewandt, tüchtig
dakkhiṇa *Adj* <dakṣiṇa> 1. rechter (Gegensatz: linker); 2. südlich
dakkhiṇā *f* <dakṣiṇā> 1. Süden; 2. Gabe, Geschenk; 3. Opferlohn (*an den Priester*)
dakkhiṇṇa *n* <dākṣiṇya> Höflichkeit, Liebenswürdigkeit
daccha *Adj* <dakṣa> tüchtig, geschickt, geeignet, fähig
[1]**daṭṭha** *Adj PPP* <daṣṭa> gebissen
[2]**daṭṭha** *Adj PPP* <dr̥ṣṭa> gesehen, erblickt
daḍha *Adj* <dr̥ḍha> 1. fest, unerschütterlich; 2. heftig; 3. geeignet
daḍḍha *Adj PPP* <dagdha> verbrannt
datta *Adj PPP* <datta> gegeben
daddura *m* <dardura> 1. Frosch; 2. Krug, Topf, Schüssel
dappa *m* <darpa> Stolz, Hochmut, Überheblichkeit
dappiya *Adj PPP* <dr̥pta> stolz, übermütig
dabbha *m* <darbha> Grasart (Poa cynosuroides)
dayā *f* <dayā> Mitleid, Erbarmen
dara *Adj* <dara> ein wenig, ein bisschen
daridda *Adj* <daridra> besitzlos, arm
darisa, **darisei** <dr̥ś *Kaus* darśayati> zeigen
darisāva *m* <darśana *n*> 1. Anschauen; 2. Besuch
dala *n* <dala> Blatt
dalayai <dā> geben, überreichen
dalidda *Adj* <daridra> besitzlos, arm
daviṇa *n* <draviṇa> Reichtum, Vermögen
davva *n* <dravya> 1. Ding, Substanz; 2. Habe, Besitz
davvajāya *n* <dravyajāta> 1. eine Menge Geld; 2. *Phil* Erscheinungsform der Materie
dasa *Adj Num* <daśan> zehn
dasaṇa *m* <daśana> *bildh* Zahn
dasama *Adj* <daśama> zehnter
dahai <dahati> brennen, verbrennen
dahi *n* <dadhi> Sauermilch
dā <dā> geben, überreichen
dāiya *m* <dāyaka> 1. Erbe; 2. Verwandter
dāḍhā *f* <daṁṣṭrā> Stoßzahn

dāṇa *n* <dāna> Gabe, Geschenk
dāṇiṁ *Adv* <idānīm> jetzt
dāmaguṇa *m* <dāmaguṇa> Girlandengürtel
dāyaga *m* <dāyaka> Geber
dāra *n* <dvāra> Tür, Tor, Pforte
dāraga *m* <dāraka> Knabe, Junge
dāridda *n* <dāridrya> Armut
dāriyā *f* <dārikā> Mädchen, Tochter
dāru *n* <dāru> Holz
dāruṇa *Adj* <dāruṇa> rau, streng, schrecklich
dāvai <dr̥ś *Kaus* darśayati> zeigen
dāvei <dā *Kaus* dāpayati> geben lassen
dāvaggi *m* <dāvāgni> Waldbrand
dāsa *m* <dāsa> Diener, Sklave
dāsī *f* <dāsī> Dienerin, Sklavin
dāha *m* <dāha> 1. Brand, Glut; 2. Fieber
dāhiṇa *Adj* <dakṣiṇa> 1. südlich; 2. rechts
dia *Adj* <dvija> zweimal geboren (*Epitheton eines Brahmanen*)
diara *m* <devara> 1. Schwager; 2. Gatte
diaha *m* <divasa> Tag
dikkhā *f* <dīkṣā> Weihe
dijjai *Pass* <dīyate> es wird gegeben
diṭṭha *Adj PPP* <dr̥ṣṭa> gesehen, erblickt, erkannt
diṭṭhaṁta *m* <dr̥ṣṭānta> Beispiel, Muster
diṭṭhi *f* <dr̥ṣṭi> Sehen, Blick; *Phil* Ansicht, Anschauung
diṇa *n* <dina> Tag
diṇayara *m* <dinakara> *bildh* Sonne
diṇṇa *Adj PPP* <datta> gegeben
ditta *Adj PPP* <dr̥pta> stolz, übermütig, überheblich
ditti *f* <dīpti> Anzünden, Glanz
dippaṁta *Part Präs* <dīpyat> leuchtend
dimmuha *n* <diṅmukha> Himmelsgegend
divasa *m* <divasa> Tag
divva *Adj* <divya> himmlisch, göttlich
disai <dr̥ś, paśyati> sehen, schauen
disā *f* <diś> Himmelsrichtung
disi disi *Adv Lok* <diśi> überall
dihi *f* <dhr̥ti> Festigkeit, Entschlossenheit
dīṇa *Adj* <dīna> 1. elend, schwach; 2. traurig, niedergeschlagen; 3. arm

dīṇāra *m* <dīnāra> Goldmünze
[1]**dīva** *m* <dīpa> Lampe
[2]**dīva** *m* <dvīpa> Insel
dīsai *Pass* <dr̥śyate> es wird gesehen, erscheint
dīha *Adj* <dīrgha> ausgedehnt, lang, weit
dīhiyā *f* <dīrghikā> 1. Kanal; 2. Brunnen
du *Adj Num* <dvi> zwei
duāra *n* <dvāra> Tür
duiya *Adj* <dvitīya> zweiter
duūla *n* <dukūla> Seidengewand
dukkara *Adj* <duṣkara> schwer, schwierig
dukkha *n* <duḥkha> Leid, Plage, Kummer, Unglück
dugaṁchā *f* <jugupsā> Abscheu, Ekel
dugga *n* <durga> Festung
duggai *f* <durgati> 1. Elend, Not; 2. Unglücksfall
duggaṁdha *Adj* <durgandha> übel riechend, stinkend
duggada *Adj* <durgata> elend, ärmlich
duggama <durgama> **I.** *Adj* unwegsam; **II.** *m*, *n* schwierige Lage
duccariya *n* <duścarita> schlechtes Betragen, übler Wandel
duṭṭha *Adj PPP* <duṣṭa> böse, sündhaft
duṭṭhagaṁḍa <duṣṭagaṇḍa> **I.** *Adj* übel riechend; **II.** *m* Gestank
duṇṇimitta *n* <durnimitta> böses Omen
duttara *Adj* <dustara> schwer zu überschreiten
duddiṇa *n* <durdina> Schlechtwettertag
duddha *n* <dugdha> Milch
duppeccha *Adj* <duḥprekṣya> schrecklich anzuschauen
duma *m* <druma> Baum
dummaṇa *Adj* <durmanas> 1. traurig; 2. übel gesinnt
duraṇucara *Adj* <duranucara> kaum durchführbar
duranta *Adj* <duranta> ein böses Ende nehmend
durāroha *Adj* <durāroha> schwer zu ersteigen
duriya *n* <durita> 1. Not, Gefahr; 2. Sünde
dullaliya *n* <durlalita> eitle Hoffnung
duvāra *n* <dvāra> Tür, Tor, Pforte
duvāriya *m* <dvārika> Türsteher, Pförtner
duvālasa *Adj Num* <dvādaśan> zwölf
duve *Adj Num* <dvau> zwei
dussaha *Adj* <duḥsaha> schwer zu ertragen
duha *m* <duḥkha> Leid, Unglück

duhāvaha *Adj* <duḥkhāvaha> Leid bringend
duhiyā *f* <duhitr̥> Tochter
dūi *f* <dūtī> Botin
dūya *m* <dūta> Bote
dūya *Adj* <dūra> fern, weit entfernt
dūsa *n* <dūṣya> Stoff, Gewand
dūsai <dūṣay *Denom*> verderben, verschlechtern; beschimpfen
dei <dā, dadāti> geben; *PPP* **dinna** <datta>
deula *n* <devakula> Tempel
[1]**deva** *m* <deva> 1. Gott; 2. *bildh* König
[2]**deva** *n* <daiva> Schicksal
devī *f* <devī> 1. Göttin; 2. *bildh* Königin
devvaṇṇaa *m* <daivajñaka> Wahrsager
desa *m* <deśa> Gegend, Land
desaṇā *f* <deśanā> Belehrung, Unterweisung
deha *m*, *n* <deha> Körper, Leib
dehi *m* <dehin> *bildh* Lebewesen
do *Adj Num* <dvau> zwei
doggacca *n* <daurgatya> Armut
dobbala *Adj* <durbala> schwach, kraftlos
dovāriya *m* <dauvārika> Pförtner
[1]**dosa** *m* <doṣa> 1. Fehler, Schlechtigkeit, Sünde; 2. Mangel, Übelstand
[2]**dosa** *m* <dveṣa> Hass
dohagga *n* <daurbhāgya> Missgeschick, Unglücksfall
dohala *n* <dohada> Schwangerschaftsgelüste, Idiosynkrasie
dohittī *f* <dauhitrī> Enkelin (*Tochter der Tochter*)

dh

dhaṇa *n* <dhana> Reichtum, Vermögen
dhaṇiyaṁ *Adv* <dhanikam> heftig, stark, sehr
dhaṇu *n* <dhanus> *Mil* Bogen; **~vveya** *m* <dhanurveda> Waffenkunde, Kriegskunst
[1]**dhanna** *Adj* <dhanya> förderlich, heilsam
[2]**dhanna** *n* <dhānya> Getreide, Korn
dhamai <dhmā, dhamati> anfachen, blasen
dhamaṇī *f* <dhamanī> Röhre, Behälter, Gefäß
dhamma *n* <dharma> Sitte, Tugend, Moral, Frömmigkeit
dhammakahā *f* <dharmakathā> Gespräch über den rechten Wandel; Predigt

dhammiya *Adj* <dhārmika> pflichtgemäß, gerecht, tugendhaft
dhaya *m* <dhvaja> Banner, Fahne
dharai <dhr̥, dhārayati, dharati> halten, stützen; *PPP* **dhariya**
dharaṇī *f* <dharaṇī> Erde
dhariya *Adj PPP* <dhr̥ta> 1. gehalten, gestützt; 2. bedient
dhavala *Adj* <dhavala> weiß; **~gaha** *n* <dhavalagr̥ha> Palast
dhāi <dadhāti, dhāti> setzen, stellen
dhāī *f* <dhātrī> Amme, Kindermädchen
dhāu *m* <dhātu> Mineral, Erz, Metall
dhārā *f* <dhārā> Strom, Guss
dhāri *Adj* <dhārin> tragend, haltend
dhārei *Kaus* <dhārayati> halten, stützen
dhāvai <dhāvati> 1. strömen; 2. laufen, eilen
dhāvaṇa *n* <dhāvana> Laufen, Rennen
dhijjāiya *m* <dvijāti> Brahmane
dhir atthu *Adv* <dhig astu> pfui über (*mit Gen*)
dhīra *Adj* <dhīra> 1. fest, standhaft; 2. geduldig, beharrlich
dhua *Adj PPP* <dhūta> geschüttelt
dhuaṁ *Adv* <dhruvam> gewiss, sicher
dhuṇai <dhūnoti> schütteln
dhutta *m* <dhūrta> Schuft, Schurke
dhuvai <dhāvati> säubern, waschen
[1]**dhurā** *f* <dhurā> Deichsel
[2]**dhurā** *f* <dhurā> Last, Bürde
dhūyā *f* <duhitr̥> Tochter
dhūmāi <dhumāy *Denom*> rauchen, dampfen; *PPP* **dhūmiya**
dhūlī *f* <dhūlī> (Blüten-)Staub
dhūva *m* <dhūpa> Räucherwerk, Weihrauch
dhūviya *Adj PPP* <dhūpita *Denom*> geräuchert

p

pa <pra> (~/-) 1. *in Subst u. Verben* vor, voran, fort, weg; 2. *in Adj* sehr, höchst
paaṭṭa *Adj PPP* <pravr̥tta> in Gang gekommen
paaḍa *Adj* <prakaṭa> deutlich, offensichtlich
paavī *f* <padavī> Pfad
paāsei *Kaus* <prakāśayati> enthüllen, offenbaren
[1]**pai** *Präp mit Akk* <prati> nach, gegen, hin
[2]**pai** *m* <pati> Herr, Gatte

paiṭṭhāṇa *n* <pratiṣṭhāna> Grundlage, Fundament, Stütze
paiṇṇa *Adj PPP* <prakīrṇa> verstreut
paiṇṇā *f* <pratijñā> 1. Glaube, Vertrauen; 2. Einverständnis, Zusage
paidiṇaṁ *Adv* <pratidinam> täglich
pairikka *Adj PPP* <pratirikta> *Ort* einsam, verlassen
pauṁjai <pra-yuj, pra-yunakti, pra-yuñjati> 1. anschirren; 2. anwenden, gebrauchen; 3. in Gang setzen; 4. unternehmen, durchführen
pauṭṭha *m* <prakoṣṭha> Unterarm, Handgelenk
[1]**pautta** *Adj PPP* <prayukta> gebraucht, verwendet
[2]**pautta** *Adj PPP* <pravr̥tta> in Gang gesetzt
pauṇa *Adj* <praguṇa> vorzüglich
pautti *f* <pravr̥tti> Tätigkeit, Aktion; Verfahren, Durchführung
pauttha *Adj PPP* <proṣita> verreist
pauma *n* <padma> Lotusblüte (Nelumbium speciosum)
[1]**paura** *Adj* <pracura> reichlich, (zu)viel
[2]**paura** *m* <paura> Städter, Bürger
pauviya *Adj PPP* <prakupita> erzürnt
paesa *m* <pradeśa> 1. Land, Gegend; 2. Ort, Stelle
paoga *m* <prayoga> Anwendung, Gebrauch
paoṭṭha *m* <prakoṣṭha> Schlosshof
paosa *m* <pradveṣa> glühender Hass
paṁca *Adj Num* <pañcan> fünf
paṁcama *Adj* <pañcama> fünfter
paṁti *f* <paṅkti> Reihe, Gruppe, Serie
paṁtha *m* <path> Weg, Pfad
paṁthiya *m* <pathika> Wanderer
paṁsu *m* <pāṁsu> Staub, Staubsturm
pakappiya *Adj PPP* <prakalpita> eingerichtet, vorbereitet
pakka *Adj* <pakva> 1. gekocht; gebacken; 2. gar, reif
pakkha *m* <pakṣa> 1. Seite; 2. *Pol*, *Zool* Flügel
pakkhalai <pra-skhalati> wanken, straucheln, stolpern
pakkhi *m* <pakṣin> Vogel
pakkhiya *Adj* <pākṣika> vierzehntägig
pakkhivai <pra-kṣipati> hinwerfen; *PPP* **pakkhitta**
pagarisa *m* <prakarṣa> Höchstmaß, Vorzüglichkeit
pagāra *m* <prakāra> Art, Weise, Modus
pagāsento *Part Präs von* **pagāsei** *Kaus* <prakāśayati> enthüllend, offenbarend
paccaa *m* <pratyaya> Glauben, Vertrauen
paccakkha *n* <pratyakṣa> *Phil* sinnliche Wahrnehmung

paccakkhaṁ *n Postp mit Gen* <pratyakṣam> vor Augen, in Anwesenheit von, persönlich
paccakkhāṇa *n* <pratyākhyāna> Entsagung
paccabhijāṇai <prati-abhi-jānāti> wiedererkennen; *PPP* **paccabhiṇṇāya**
paccavāya *m* <pratyavāya> Unannehmlichkeit, Plage, Leid, Hindernis
paccā *Präp* <paścāt> 1. hinter; 2. jenseits; 3. *zeitlich* nach (*mit Gen*)
paccāgaya *Adj PPP* <pratyāgata> zurückgekehrt
paccūsa *n* <pratyūṣa> Morgendämmerung, Tagesanbruch
pacchāyāva *m* <paścāttāpa> Reue
pachaṇṇa *Adj PPP* <prachanna> verborgen, heimlich
pacchima *Adj* <paścima> 1. hinterer; 2. letzter
pajjatta *Adj PPP* <paryāpta> reichlich, hinreichend
pajjatti *f* <paryāpti> Genüge, Ausreichen, Zulänglichkeit
pajjalai *Kaus* <pra-jvalayati> anzünden
pajjavasāṇa *n* <paryavasāna> Schluss, Ende
pajjussua *Adj* <paryutsuka> sehr aufgeregt
paṭṭa *m* <paṭṭa> 1. Gewebe, Binde, Zeugstreifen; 2. Tafel, Schild, Platte
paṭṭaṇa *n* <pattana> großer Marktflecken, Stadt
paṭṭha Adj <prastha> bester, vorzüglichster
paṭṭhavei *Kaus* <prasthāpayati> fortschicken, entlassen; *PPP* **paṭṭhaviya**
paṭṭhi *f* <pr̥ṣṭha *n*> Rücken
paḍa *m* <paṭa> Gewebe, Gewand, Tuch
paḍai <patati> fallen, untergehen
paḍaṇa *n* <patana> Fall, Sturz
paḍala *n* <paṭala> Hülle, Schleier
paḍaha *m* <paṭaha> große Trommel
paḍāya *m* <patākā f> Fahne, Flagge
paḍi <prati> (~/-) *in Verben u. Subst*: 1. gegen, entgegen; 2. zurück; 3. wieder
paḍicchai <prati-icchati> empfangen, entgegennehmen
paḍikappai <prati-kalpate> aufräumen, ausstatten, zubereiten; *PPP* **paḍikappiya**
paḍikammai <prati-kramati> beichten, bereuen
paḍikkhai <prati-īkṣate> erwarten
paḍicchai <prati-icchati> empfangen, entgegennehmen
paḍiṭṭhāvida *PPP Kaus* <pratisthāpita> 1. eingesetzt; 2. dargebracht
paḍiṭṭhia *Adj PPP* <pratiṣṭhita> 1. befindlich (in); 2. anerkannt, gültig
paḍiṇṇāda <pratijñāta> versprochen, zugesagt
paḍipaha *m*, *n* <pratipatha> gefährlicher Weg
paḍipuṇṇa *Adj PPP* <pratipūrṇa> angefüllt, voll, vollständig

paḍibaddha *Adj PPP* <pratibaddha> verbunden; verhüllt
paḍiboha *m* <pratibodha> Erwachen; Erkenntnis
paḍimā *f* <pratimā> 1. Abbild; 2. *Jin* Gelübde
paḍiya *Adj PPP* <patita> gefallen, gestürzt
[1]**paḍiyāra** *m* <pratikāra> 1. Erfahrung; 2. Resultat, Ergebnis; 3.Vergeltung
[2]**padiyāra** *m* <praticāra> Dienstleistung
paḍivakkha *m* <pratipakṣa> Gegenpartei
paḍivaṇṇa *Adj PPP* <pratipanna> erlangt, zu eigen gemacht
paḍivatti *f* <pratipatti> Diensterweisung, Aufmerksamkeit
paḍivāraya *n* <parivāraṇa> Begleitung, Gefolge
paḍivesia *m* <prativeśya> Nachbar
paḍisuṇai <prati-śru, prati-śr̥ṇoti> versprechen, zusagen; *PPP* **paḍisuya** <pratiśruta>
paḍihayai <prati-hanti> zurückschlagen
paḍihāi <pratibhāti> erscheinen
paḍihāra *m* <pratihāra> Pförtner
paḍhai <paṭhati> lesen, vortragen, deklamieren
paḍhaṇa *n* <paṭhana> Vorlesen, Rezitieren
paḍhama *Adj* <prathama> erster
paḍhiuṁ <paṭhitum> *Inf von* **paḍhai**
paṇai *Adj* <praṇayin> 1. geliebt, beliebt; 2. liebend
paṇamai <pra-nam> sich verneigen; *PPP* **paṇaya**, **paṇamia**
paṇaya *m* <praṇaya> Zuneigung, Vertrauen
paṇasa *m* <panasa> Brotfruchtbaum (Artocarpus integrifolia)
paṇivāya <praṇipāta> Fußfall
paṇīya *Adj PPP* <praṇīta> 1. getan, bewirkt; 2. gelehrt; 3. erzählt, mitgeteilt
paṇollia *Adj PPP* <praṇudita> verscheucht, weggestoßen
paṇha *m* <praśna> Frage
paṇhi *f* <pārṣṇi> Ferse
[1]**patta** *n* <pattra> 1. *Bot Papier* Blatt; 2. *Zool* Flügel, Feder
[2]**patta** *Adj PPP* <prāpta> erlangt, erhalten
[3]**patta** *n* <pātra> Gefäß, Becher
[1]**pattia** *Adj* <pratyayita> vertrauenswürdig, zuverlässig
[2]**pattia** Adj <pratīta> berühmt
pattī *f* <patnī> Gattin
patteya *Adj* <pratyeka> jeder einzelne, jeder für sich
patthaṇā *f* <prārthanā> Bitte, Begehren, Wunsch
patthara *m* <prastara> Stein
patthāva *m* <prastāva> 1. Erwähnung; 2. Gelegenheit

patthiya *Adj PPP* <prasthita> 1. aufgebrochen, in Gang gekommen; 2. aufgestellt, eingerichtet
patthiva *m* <pārthiva> Fürst, König, Herrscher
pannāsa *n Num* <pañcāsat *f*> fünfzig
[1]**pappuya** *Adj* <prapluta> durchnässt, überflutet
[2]**pappuya** *Adj* <praphulla> erblüht, aufgeblüht
papphoḍei *Kaus* <pra-sphoṭayati> 1. sprengen, spalten; 2. schütteln
pabudha *Adj* <prabuddha> 1. erwacht; 2. klug, weise
pabbhaṭṭha *Adj PPP* <prabhraṣṭa> verloren, verschwunden, verirrt
pabhā *f* <prabhā> Glanz, Licht
pabhāda *m*, *n* <prabhāta *n*> Tagesanbruch, Morgen
pabhāva *m* <prabhāva> Macht, Majestät
pabhii *Adj* <prabhr̥ti> (-/~) beginnend mit = und so weiter
pabhūyakāla *m* <prabhūtakāla> lange Zeit
pamajjai <pra-mr̥j, pra-mārṣṭi> säubern, aufwischen
pamatta *Adj PPP* <pramatta> 1. berauscht, betört; 2. sorglos, leichtfertig
pamada *m* <pramada> Freude, Lust
pamāṇa *n* <pramāṇa> Maß, Umfang, Gewicht
pamuia *Adj PPP* <pramudita> erfreut, froh, lustig
pamuha *Adj* <pramukha> 1. vorderster, erster; 2. nach vorn gerichtet
pamoya *m* <pramoda> Freude, Frohsinn
pamha *m*, *n* <padma> Lotusblüte (Nelumbium speciosum)
pamhala *Adj* <pamhala> *Kleidung* weich, wollig
paya *m*, *n* <pada> 1. Fuß; 2. Schritt
payai *f* <prakr̥ti> Materie
payaṁḍa *Adj* <pracaṇḍa> rasend, wütend
payaṁpae <pra-jalpati> sprechen; *PPP* **payaṁpiya** <prajalpita>
payacchai <pra-yam, pra-yacchati> überreichen
payaṭṭai <pra-vr̥t, pra-vartate> aufbrechen *intr*, beginnen; *PPP* **payaṭṭia** <pravartita>
payaḍaṁ *Adv* <prakaṭam> offenbar, klar, deutlich
payatta *n* <prayatna> Anstrengung, Mühe
payattha *m* <padārtha> Ding, Sache
payarisa *m* <prakarṣa> hohes Maß, Vorzüglichkeit
payā *f Pl* <prajāḥ> 1. Untertanen; 2. Geschöpfe, Leute
payāi *m* <padāti> 1. Fußgänger, 2. Infanterist
[1]**payāṇa** *n* <prayāṇa> Aufbruch, Abreise, Marsch
[2]**payāṇa** *n* <pradāna> Geben, Spenden, Gewähren
payāra *m* <prakāra> Art, Weise, Modus

payāva *m* <pratāpa> Glut, Hitze
payāhiṇa *Adj* <pradakṣiṇa> rechts befindlich
para *Adj* <para> 1. anderer, verschieden; 2. bester, höchster
paraṁ *Adv* <param> lediglich, nur, aber
paradavvaharaṇa *n* <paradravyaharaṇa> Wegnahme der Habe anderer (Leute)
paramattha *m* <paramārtha> höchste Wahrheit
parammuha *Adj* <parāṅmukha> 1. abgewandt; 2. abgeneigt, widrig
paraloga *m* <paraloka> Jenseits, jenseitige Welt
paravvasa *Adj* <paravaśa> abhängig, beherrscht, unterworfen
parasu *m* <paraśu> Axt, Beil
parahua *m* <paraputṭha *oder* parabhr̥ta> *bildh* Kuckuck
parāiya *Adj PPP* <parājita> besiegt, überwunden
parāmusai <parā-mr̥śati> überlegen, nachdenken, untersuchen
parāhīṇa *Adj* <parādhīna> 1. abhängig, unselbstständig; 2. entzückt
pariaṭṭa *m* <parivarta> Umdrehung, Umlauf
parikamma *n* <parikarman> Reinigung, Körperpflege, Hygiene
parikkhaṇa *n* <parīkṣaṇa> Prüfung, Probe, Untersuchung
parigaya *Adj PPP* <parigata> begleitet, umgeben
pariggaha *m* <parigraha> 1. Nehmen, Ergreifen; 2. Egoismus, Besitzgier; 3. Eigentum
parigholai <pari-ghūrṇati> schwanken, zucken
pariccayai <pari-tyajati> aufgeben, verlassen; *PPP* **pariccatta** <parityakta>
paricchaṇṇa *Adj PPP* <paricchanna> bedeckt, verhüllt
pariṇaya *Adj PPP* <pariṇata> 1. entwickelt, reif; 2. verändert, verwandelt
pariṇāma *m* <pariṇāma> 1. Entwicklung, Umwandlung; 2. Ergebnis, Resultat
pariṇāmei *Kaus* <pari-ṇāmayati> reif machen, reifen lassen
pariṇīya *Adj PPP* <pariṇīta> verheiratet
pariṇei <pari-ṇī, pari-ṇayati> *vom Mann* heiraten
paritappai <pari-tapyati> 1. erhitzt sein, glühen; 2. leiden
parituṭṭha *Adj PPP* <parituṣṭa> sehr erfreut
pariputṭha *Adj PPP* <paripr̥ṣṭa> eingehend befragt
paripuṇṇa *Adj PPP* <paripūrṇa> gänzlich gefüllt, voll
paribbhamai <pari-bhramati> umherwandern, herumirren; *PPP* **paribbhaṭṭha** <paribhraṣṭa>
paribhāsai <pari-bhāṣate> erklären, lehren, verkünden
paribhūya *Adj PPP* <paribhūta> 1. überwältigt, besiegt; 2. missachtet
parimala *m* <parimala> Duft, Wohlgeruch
parimokkha *m* <parimokṣa> 1. Verzicht, Entsagung; 2. Erlösung
pariyaṇa *m* <parijana> Dienerschaft, Gefolge

pariyara *m* <parikara> 1. Schar, Menge; 2. Gürtel
[1]**pariyāga** *m* <paripāka> Ergebnis, Resultat
[2]**pariyāga** *m* <paryāya> 1. Wandel; 2. Etappe
pariyāṇai <pari-jānāti> erkennen, erfahren
parivaḍḍhai <pari-vardhati> wachsen; *PPP* **parivaḍḍhiya**
parivattaṇa *n* <parivartaṇa> Wirbel, Strudel
parivasai <pari-vasati> wohnen, bewohnen
parivāḍi *f* <paripāṭi> Reihe, Reihenfolge, Serie
parivāra *m* <parivāra> Gefolge, Dienerschaft
parivāhai <pari-vahati> reiten
parivvājaya *m* <parivrājaka> Wandermönch
parisaṁṭhiya *Adj PPP* <parisaṁsthita> aufgestellt, hingestellt
parisaṁta *Adj PPP* <pariśrānta> ermüdet
parisara *m* <parisara> Nähe, Umgebung
parisā *f* <pariṣad> 1. Gemeinde, Versammlung; 2. Gefolge, Schar
parisāmai <pariśāmyati> ruhig werden; *PPP* **parisāmiya** <pariśānta>
parisukka *Adj* <pariśuṣka> ausgetrocknet, verdorrt
pariharai <pari-hr̥, pari-harati> 1. wegnehmen; 2. unterlassen, ausnehmen; 3. gebrauchen, genießen; *PPP* **parihariya**
parihariya *Adj PPP* <pariharita> 1. verlassen; 2. gebraucht, verwendet
parihāsa *m* <parihāsa> Gelächter, Scherz
parihīṇa *Adj PPP* <parihīna> 1. zugrunde gerichtet, vernichtet; 2. frei (von)
parīsaha *m* <parīṣahā *f*> Qual, Mühsal
paruṇṇa *Adj PPP* <prarudita> geweint, verweint
parokkha *Adj* <parokṣa> versteckt, nicht wahrnehmbar
paroppara *Adj* <paraspara> gegenseitig, wechselseitig
palāya *Adj PPP* <palāyita> geflohen, entflohen
palāyai <palāi, palāyati> weglaufen, fliehen
palāva *m* <pralāpa> 1. Geschwätz, Geplapper; 2. Klage
palāsa *m* <palāśa> *Baumart* (Butea frondosa)
palitta *Adj PPP* <pradīpta> angezündet, entflammt, erleuchtet
palivai *Kaus* <pra-dīpayati> anzünden
palīviya *Adj PPP* <pradīpta> angezündet
paloei *Kaus* <pra-lokayati> anblicken, beobachten
palobhei *Kaus* <pra-lubh, pra-lobhayati> anlocken, verführen
paloyaṇa *n* <pralocana> Beobachtung
palohida *Adj PPP Kaus* <pra-lobhita> verlockt
pallaṁka *m* <paryaṅka> Sofa, Diwan
pallala *n* <palvala> Teich, Pfuhl

pallava *m* <pallava> Spross, Zweig
pallāṇa *n* <paryāṇa> Sattel
pallī *f* <pallī> kleines Dorf
palhattha *Adj* <paryasta> 1. aufgestellt, hingestellt; 2. umgeben
pavaṁga *m* <plavaṅga> *bildh* Affe
pavaṁca *n* <prapañca> 1. Ausbreitung, Umfang; 2. Weltengetriebe, Geburtenkreislauf
[1]**pavaṇa** *n* <pavana> Wind
[2]**pavaṇa** *n* <plavana> Schwimmen, Baden
pavattai <pra-vartate> in Gang setzen, bewirken, vollbringen
pavanna *Adj PPP* <prapanna> empfangen, erhalten, versehen mit
pavara *Adj* <pravara> bester, höchster, vorzüglichster
pavasaṁta *Adj Part Präs* <pra-vasant> verreist seiend, im Ausland lebend
pavahaṇa *n* <pravahaṇa> 1. Fahrzeug; 2. Schiff
pavā *f* <prapā> Brunnen, Zisterne
pavāla *m*, *n* <pravāla> 1. Schössling, Spross; 2. Koralle
pavāha *m* <pravāha> Wasserlauf, Strom, Strömung
paviṭṭha *Adj PPP* <praviṣṭa> *Zimmer usw.* betreten
pavisai <pra-viśati> eintreten, betreten; *PPP* **paviṭṭha** <praviṣṭa>; *Kaus* **pavesei** <pra-veśayati> eintreten lassen
pavesa *m* <praveśa> Eintritt, Betreten
pavva *n* <parvan> 1. *Bot* Knoten; 2. Glied, Fingerglied
pavvaya *m* <parvata> Berg, Gebirge
pavvayai <pra-vrajati> *Jin* als Mönch hinausziehen
pavvāvei *Kaus* <pra-vrājayati> *Jin* zum Mönch weihen
pavvahai <pra-vyathate> plagen, heimsuchen; *PPP* **pavvahiya** <pra-vyathita>
pavvāiyā f <pravrājika> *Jin* Nonne
pasaṁsai <pra-śaṁsati> preisen, loben, rühmen
pasakta *Adj PPP* <prasakta> *Psych* anhängend, ergeben
pasattha *Adj PPP* <praśasta> vortrefflich, vorzüglich
pasanna *Adj PPP* <prasanna> 1. *Psych* rein, klar, lauter; 2. beruhigt
pasammai *Pass* <pra-śāmyate> beruhigt werden, zur Ruhe kommen
pasara *n* <prasara> Ausbreitung, Freilauf
pasāya *m* <prasāda> Gnade, Freundlichkeit
pasārei *Kaus* <pra-sr̥, pra-sārayati> ausbreiten, verbreiten; *PPP* **pasāriya**
pasāhā *f* <praśākhā> Zweiglein, Spross
pasīda *Adj PPP* <pra-sīda> beruhigt
pasu *m* <paśu> Vieh
pasutta *Adj PPP* <prasupta> eingeschlafen

pasūya *Adj PPP* <prasūta> erzeugt, geboren
paha *m* <patha> Weg, Pfad
pahaṭṭha *Adj PPP* <prahr̥ṣṭa> erfreut, froh
pahaṇai <pra-hanti> schlagen, töten; *PPP* **pahaya**
paharai <pra-hr̥, pra-harati> angreifen
pahavai <pra-bhavati> *<mit Gen>* die Macht haben (über)
[1]pahāṇa *n* <prahāna> Verlust, Schwund
[2]pahāṇa *Adj* <pradhāna> bester, Haupt-
pahāya *n* <prabhāta> Tagesanbruch, Morgen
pahāra *m* <prahāra> Schlag, Stoß, Hieb
pahāva *n* <prabhāva> 1. Können, Fähigkeit; 2. Macht
pahāviya *Adj PPP* <pradhāvita> laufend, rennend
pahāsai <pra-hasati> lachen, auflachen
pahiya *m* <pathika> Wanderer, Reisender
pahīṇa *Adj PPP* <pra-hīna> 1. geschwunden, verloren; 2. befreit
pahu <pra-bhu> **I.** *Adj* mächtig, fähig; **II.** *m* Herr, Herrscher
pahui *Adj* <prabhr̥ti> beginnend (mit)
pahuppai <pra-bhū, pra-bhavati> 1. entstehen, sich ausbreiten; 2. können, imstande sein
pāikka *m* <padāti> 1. Fußgänger; 2. Infanterist
pāua <prākr̥ta> **I.** *Adj* ursprünglich, natürlich; **II.** *n* (mittelindische) Volkssprache
pāuyā *f* <pādukā> Schuh
pāuraṇa *n* <prāvaraṇa> Decke, Mantel
pāusa *m* <prāvr̥ṣ *f*> Regenzeit
pāūṇai <pra-āpnoti> 1. bekommen, erhalten; 2. vollenden
pāḍivahai <prati-vahati> ausharren, ertragen
pāḍihera *n* <prātihārya> *Jin* göttliches Zauberwerk
[1]pāṇa *n* <pāna> 1. Trinken; 2. Getränk
[2]pāṇa <prāṇa> 1. Atem, Hauch; 2. Leben, Lebewesen
[1]pāṇi *m* <prāṇin> Lebewesen
[2]pāṇi *m* <pāṇi> Hand
pādava *m* <pādapa> *bildh* Baum
pāmokkha *Adj* <prāmukhya> leitend, vorderer, Haupt-
pāya *m* <pāda> Fuß
pāyaṁ *Adv* <prāyas> meist, gewöhnlich, allgemein
pāyacchitta *n* <prāyaścitta> *Rel* Sühnezeremonie, Buße
pāyapīḍha *n* <pādapīṭha> Fußbank
pāyava *m* <pādapa> *bildh* Baum
pāyasa *n* <pāyasa> Milchspeise, Milchreis

pāyasoya *m* <pādaśauca> Fußwaschung
pāyāla *n* <pātāla> Unterwelt
pāraṁpara *m* <pāraṁpara> Überlieferung
pāraga *Adj* <pāraga> hinübersetzend, überschreitend
pāraṇaya *n* <pāraṇaka> *Jin* Beendigung des Fastens
pārāvaa *m* <pārāvata> Turteltaube
pāridosia *n* <pāritoṣika> Belohnung
pāriyāya *m* <pārijāta> *Myth* Korallenbaum
pāli *f* <pāli> 1. Ecke, Rand, Kante; 2. Ufer
pālei *Kaus* <pālayati *Denom*> hüten, beschützen
pāvai <pra-āpnoti> bekommen, erhalten
pāvayāri *m* <pāpakārin> Sünder
[1]pāsa *m* <pāśa> 1. Seil; 2. Fessel, Schlinge
[2]pāsa *n* <pārśva> Flanke, Seite
pāsai <paśyati> sehen
pāsāya *m* <prāsāda> Palast, Schloss
pāse *Postp mit Gen* <pārśve> bei, nahe
pāhāṇa *m* <pāṣāna> Stein
pāhuḍa *n* <prābhr̥ta> 1. Geschenk; 2. Belästigung, Plage
pāhuṇa *m* <prāghuṇa> Gast
pāheya *n* <pātheya> Reiseverpflegung
pi *Konj* <api> auch
pia *m* <pitr̥> Vater
piai <pā, pibati> trinken
piāmaha *m* <pitāmaha> Großvater
piussiā *f* <pitr̥śvasr̥> Tante (*Schwester des Vaters*)
piṁgala *Adj* <piṅgala> rotbraun
pikka *Adj* <pakva> reif, gar
piccha *n* <piccha> *Vogel* (*bes Pfau*) Schwanzfeder
pijja *n* <preman> Liebe, Zuneigung
piṭṭei <pīḍayati> 1. peinigen, quälen; 2. vollstopfen
piṭṭha *n* <pr̥ṣṭha> Rücken
piṇiddha *Adj PPP* <pinaddha> *Kleidung* angelegt, angezogen
pitta *n* <pitta> Galle
piya *Adj* <priya> angenehm, lieb, freundlich
piyayama *m* <priyatama> Liebster
piva *Konj* <iva> wie, gleichsam
pivai <pibati> trinken
pivāsā *f* <pipāsā> Durst

pisiya *n* <piśita> (zubereitetes) Fleisch
pīi *f* <prīti> 1. Freundschaft, Liebe; 2. Freude
pīḍā *f* <pīḍā> Qual, Schmerz
pīḍiya *Adj PPP* <pīḍita> gequält, gepeinigt
pīḍha *n* <pīṭha> 1. Stuhl, Bank; 2. Reiter, Kavallerie
pīḍhamaddaa *n* <pīṭhamarda> *Theat* Begleiter des Helden
pīsai <piṣ, pinaṣṭi> zermahlen, zerstampfen
puṁgava *m* <puṁgava> Bester, Vorzüglichster
puṁchaṇa *n* <proñchana> Abwischen
pukkhara *n* <puṣkara> blaue Lotusblüte (Nymphaea nelumbo)
pucchai <prach, pr̥cchati> fragen; *PPP* **pucchiya, puṭṭha** <pr̥ṣṭa>
pucchiya *Adj PPP* <pr̥ṣṭa> befragt, gefragt
[1]**puṭṭha** *Adj PPP* <spr̥ṣṭa> berührt
[2]**puṭṭha** *Adj PPP* <pr̥ṣṭa> befragt, gefragt
puṭṭhi *f* <spr̥ṣṭi> Berührung
puḍa *m*, *n* <puṭa> Tüte
puḍhavī *f* <pr̥thivī> Erde, Land, Erdboden
puṇa *Adv* <punar> 1. zurück; 2. erneut, wieder; 3. außerdem, ferner; 4. dagegen, aber
puṇo *s.* **puṇa**
[1]**puṇṇa** *Adj PPP* < pūrṇa> gefüllt, voll
[2]**puṇṇa** *n* <puṇya> Tugend, *moralisch* Verdienst
puṇṇimā *f* <pūrṇimā> Vollmondnacht
putta *m* <putra> Sohn
puttaliyā *f* <puttalikā> 1. Statue; 2. Puppe
puttā *f*, **puttī** *f* <putrī> Tochter
puppha *m* <puṣpa> Blüte, Blume
pura *n* <pura> Stadt
purao *Abl Postp mit Gen* <puratas> 1. vorn, davor; 2. vorher, vorhin, früher; 3. im Osten, aus dem Osten
purā *Adv* <purā> einst, früher
purāṇa *Adj* <purāṇa> alt, früher
[1]**purisa** *m* <puruṣa> 1. Mann; 2. Mensch, Person
[2]**purisa** *n* <purīṣa> Kot, faeces
purohiya *m* <purohita> Hofpriester
pulaya *m*, *n* <pulaka> Sträuben der Körperhärchen
puvva *Adj* <pūrva> ehemalig, früher; **~ratta** *m* <pūrvarātra> erste Nachthälfte; **~disā** *f* <pūrvadiśā> Osten
puhavī *f* <pr̥thivī> Erde, Erdboden, Land

pūyā *f* <pūjā> Anbetung, *Rel* Verehrung
pūrei *Kaus* <pr̥̄, pūrayati> füllen
pecchai <prekṣate> hinschauen, betrachten
peḍaya *n* <peṭaka> Schar, Trupp
peḍā *f* <peḍā> Korb
pemma *m, n* <preman> Liebe, Zuneigung
peyabhūmi *f* <pretabhūmi> Friedhof
peraṁta *m* <paryanta> Ende, Grenze
pelava *Adj* <pelava> zart, fein, weich
pelliya *Adj PPP* <? pīḍita> zertreten, zerstampft
pesala *Adj* <peśala> hübsch, lieblich, reizend
pesei *Kaus* <pra-iṣ, preṣayati> senden, schicken
pehiya *n* <prekṣita> Blick
pehuṇa *n* <barhiṇa> Pfauenschweif
pokkhara *n* <puṣkara> blaue Lotusblüte (Nymphaea nelumbo)
poṭṭa *n* <Deśī> Magen, Bauch
potta *n* <pota> Kleid, Gewand
popphalī *f* <pūgaphalī> Betelpalme (Areca catechu)
pomma *m, n* <padma> Lotusblüte (Nelumbium speciosum)
porāṇa *Adj* <purāna> alt, antik, früher
posaha *m* <poṣadha, upavasatha> *Jin* Fastentag

ph

phaṁsa *m* <sparśa> Berührung
phaggu *f* <phalgu> *Jin Name einer Nonne*
phagguṇa *m* <phālguna> Name eines Frühlingsmonats (*Februar/März*)
phaḍiha *n* <sphaṭika> Kristall
phaṇi *m* <phaṇin> Schlange
pharisa *m* <sparśa> 1. Berührung; 2. Tastsinn; 3. Gefühl
pharusa *Adj* <paruṣa> *Psych* rau, grob, barsch
phala *n* <phala> 1. Frucht; 2. Ergebnis, Resultat; 3. Lohn
phalaa *n* <phalaka> Brett, Latte
phaliya *n* <sphaṭika> Kristall
phuṭṭa *Adj PPP* <sphuṭita> geborsten, geplatzt
phuḍa *Adj* <sphuṭa> offenbar, deutlich, klar
phuraṁta *Part Präs* <sphurant> zuckend, zitternd
phuliṁga *m* <sphuliṅga> Funke
phulla *Adj* <phulla> weit geöffnet, aufgeblüht

b

baṁdhai <badhnāti> 1. binden; 2. fesseln
baṁdhaṇa *n* <bandhana> Gefangennahme
baṁdhu *m* <bandhu> Verwandter
baṁbha *m* <brahman> der Gott Brahmā
baṁbhaṇa *m* <brāhmaṇa> Brahmane, Angehöriger der obersten sozialen Gruppe
baṁbhayāri *Adj* <brahmacārin> einen frommen Wandel führend
baḍuya *m* <baṭu> Bengel, Schlingel
battīsa *n Num* <dvātriṁśati *f*> zweiunddreißig
baddha *Adj PPP* <baddha> 1. gebunden; 2. bandagiert, verbunden; 3. gefesselt
bala *n* <bala> Kraft, Macht, Gewalt
balakkāra *m* <balātkāra> Gewalt
balavaṁta *Adj* <balavat> stark, mächtig
bali *n* <bali> 1. Abgabe, Steuer, Tribut; 2. *Rel* Darbringung, Spende
bahariya *Adj PPP* <badhirita *Denom*> betäubt
bahala *Adj* <bahala> dicht, fest, dick
bahu *Adj* <bahu> (oft ~/-) viel, reichlich, zahlreich
bahumāṇa *n* <bahumāna> Hochachtung, Wertschätzung
bahula *Adj* <bahula> reichlich, viel
bahuphala *Adj* <bahuphala> sehr fruchtbar
bahurava *m* <bahurava> großer Aufruhr
bāḍhaṁ *Adv* <bāḍham> gewiss, ja, gut
bāṇa *m* <bāṇa> Pfeil
bāra *n Num* <dvādaśan> zwölf
bārasa *Adj Num s.* **bāra**
bāla <bāla> **I.** *Adj Psych* unreif, naiv; **II.** *m* Kind, Junges
bāliyā *f* <bālikā> Mädchen
bāvattari *f Num* <dvāsaptati> zweiundsiebzig
bāvanna *n Num* <dvāpañcāśati *f*> zweiundfünfzig
bāvīsa *n Num* <dvāviṁśati *f*> zweiundzwanzig
bāha *n* <bāṣpa> Träne
bāhā *f* <bāhu *m*> Arm, Unterarm, Hand
bāhiṁ *Postp mit Gen* <bahis> außerhalb, draußen
bāhira *Adv* <bahis> draußen befindlich, außerhalb gelegen
biiya *Adj* <dvitīya> zweiter
biṁdu *m* <bindu> Tropfen
biṁba *n* <bimba> 1. Bild, Abbild; 2. Scheibe

bisa *n* <bisa> *Lotusblume* Stengel
[1]bīya *Adj* <dvitīya> zweiter
[2]bīya *n* <bīja> 1. Samen, Samenkorn, Keim; 2. Ursprung
bīhei <bhī, bibheti> sich fürchten
buddhi *f* <buddhi> Einsicht, Vernunft, Intelligenz
bubbua *m* <budbuda> Blase
beṁṭa *n* <vr̥nta> *Bot* Stengel, Stiel, Stamm
beṇaui *n Num* <dvānavati *f*> zweiundneunzig
bora *m* <badara> Frucht der Zizyphus jujuba
bola *m* <Deśī> Geschrei, Lärm
bohei *Kaus* <bodhayati> *Rel* erleuchten, bekehren

bh

bhai *f* <bhr̥ti> Lohn, Lohnarbeit
bhaṁga *m* <bhaṅga> Bruch, Stück, Teil
bhaṁgi *f* <bhaṅgi> 1. Krümmung, Biegung; 2. Art und Weise, Modus
bhaṁgura *Adj* <bhaṅgura> zerbrechlich, gebrechlich
bhaṁḍa *m*, *n* <bhāṇḍa> Behälter, Topf, Gefäß
bhaṁḍāra *m* <bhāṇḍāra> Schatz, Schatzkammer
bhakkhei <bhakṣayati> essen, verzehren; *PPP* **bhakkhiya**
bhagiṇī *f* <bhaginī> Schwester
bhagga *Adj PPP* <bhagna> gebrochen, zerbrochen, vernichtet
bhajjā *f* <bhāryā> Frau, Gattin
bhaṭṭa *m* <bhaṭṭa> Gelehrter
bhaṭṭi *m* <*Nom* **bhaṭṭā**> <bhartr̥> Erhalter, Ernährer, Gatte
bhaṭṭha *Adj PPP* <bhraṣṭa> gestrauchelt, gestürzt
bhaḍa *m* <bhaṭa> Soldat
bhaṇai <bhaṇati> sprechen, sagen, reden
bhaṇiya *Adj PPP* <bhaṇita> gesagt, gesprochen, erzählt
[1]bhatta *n* <bhakta> Nahrung, Speise, Mahlzeit
[2]bhatta *Adj PPP* <bhakta> zugetan, ergeben
bhattāra *m* <bhartr̥> Gatte
bhatti *f* <bhakti> *Rel* Hingabe, Liebe, Ergebenheit, Demut
bhadda *Adj* <bhadra> gut, erfreulich, segensreich
bhamai <bhramati> umherirren
bhamara *m* <bhramara> Biene
bhara *n* <bhara> Last
bharai <smarati> sich erinnern; *PPP* **bhariya**

bharahavāsa *n* <bhāratavarṣa> Indien
bhava *m* <bhava> 1. Werden, Entstehen; 2. Existenz
bhavai <bhavati> entstehen, werden, sein
bhavaṇa *n* <bhavana> 1. Haus, Wohnung; 2. Tempel
bhaviya *Adj* <bhavya> 1. gut, schön; 2. fromm
bhaviyavvayā *f* <bhavitavyatā> 1. Notwendigkeit, Konsequenz; 2. Schicksal
bhāa *m* <bhāga> Teil, Anteil
bhāi *m* <bhrātr̥> Bruder
bhāiṇejja *m* <bhāgineya> Neffe (*Sohn der Schwester*)
bhaya *n* <bhaya> Angst, Furcht
bhayavaṁ *m* <bhagavat> Ehrwürdiger, Erhabener
bhāra *m* <bhāra> Gewicht, Bürde, Last
bhāraha *n* <bhārata> Indien
bhāriyā *f* <bhāryā> Gattin
bhāva *m* <bhāva> 1. Ding, Substanz; 2. Betragen, Verhalten, Charakter; 3. Gefühl
bhāviya *Adj PPP* <bhāvita> bewältigt, hergerichtet, in Ordnung gebracht
bhāsaṇa *n* <bhāṣaṇa> Sprechen, Mitteilen
bhāsura *Adj* <bhāsura> leuchtend
bhiuḍi *f* <bhr̥kuṭi> Verziehen der Augenbrauen
bhiṁgāra *m* <bhr̥ṅgāra> Wasserkrug, Gießkanne
bhiṁḍimāla *m* <bhindipāla> kleiner Speer, Dolch
bhiṁdai <bhid, bhinatti> zerbrechen, spalten, öffnen; *PPP* **bhiṇṇa**
bhikkhai <bhikṣate> *bes Rel* betteln
bhikkhā *f* <bhikṣā> *bes Rel* Almosen
bhicca *m* <bhr̥tya> Untergebener, Diener
bhiṇṇa *Adj PPP* <bhinna> 1. gespalten, zerbrochen; 2. geöffnet, offen
bhitti *f* <bhitti> Mauer, Wand
bhīya *Adj PPP* <bhīta> verängstigt, erschrocken
bhīma *Adj* <bhīma> furchtbar, schrecklich
bhīsaṇa *Adj* <bhīṣaṇa> Furcht erregend, erschütternd
bhuṁjai <bhuj, bhunakti> genießen, verzehren; *PPP* **bhutta**
bhukkhā *f* <bubhukṣā> Hunger
bhujja *Adj Komp* <bhūyas> 1. sehr viel, sehr groß; 2. nochmals
bhutta *Adj PPP* <bhukta> 1. gegessen, verzehrt; 2. gebraucht, verwendet
bhumaā *f* <bhrū> Augenbraue
bhuya *m* <bhuja> Arm, Unterarm
bhuyaga *m* <bhujaga> *bildh* Schlange
bhūmi *f* <bhūmi> 1. Erde, Erdboden; 2. Ort, Stelle, Platz

bhūmighara *n* <bhūmigr̥ha> Keller
bhūmiyā *f* <bhūmikā> Stockwerk
bhūya *Adj PPP* <bhūta> 1. geworden, entstanden, vorhanden; 2. vergangen
bhūsaṇa *n* <bhūṣaṇa> Schmücken, Schmuck
bhettūṇa *Abs von* **bhindai** <bhittvā> durchbrochen habend
bherava *Adj* <bhairava> grausig, schrecklich
bho *Interj der Anrede* <bho, bhos> hallo!
bhoaṇa *n* <bhojana> Essen, Speise, Mahl

m

[1]**maa** *m* <mada> 1. Hochmut, Dünkel; 2. Rausch, Rauschtrank
[2]**maa** *Adj PPP* <mr̥ta> verstorben, tot
maarahara *m* <makaraghara> Stätte von Seeungeheuern
maalaṁchaṇa *m* <mr̥galāñchana> *bildh* Mond
[1]**mai** *Pers pron 1. Pers Sg Lok* <mayi> in mir, bei mir
[2]**mai** *f* <mati> 1. Gedanke, Meinung; 2. Einsicht, Verstand
maiya *Adj* <madīya> mein, meinig
maila *Adj* <malina> schmutzig
maua *Adj* <mr̥duka> zart, sanft, mild, weich
mauḍa *m, n* <mukuṭa> Diadem
maula *n* <mukula> Knospe
maūli *m* <mauli> Kopf
mae *Pron pers 1. Pers Sg Instr* <mayā> durch mich
maṁ *Pron pers 1. Pers Sg Akk* <mām> mich
maṁgala *n* <maṅgala> Glück, Segen
maṁjarī *f* <mañjarī> Rispe, Knospe, Spross
maṁjiṭṭhā *f* <mañjiṣṭhā> rote Farbe der Krapppflanze (Rubia munjista)
maṁḍana *n* <maṇḍana> Schmuck
maṁḍalagga *m* <maṇḍalāgra> Krummsäbel
maṁḍava *m* <maṇḍapa> 1. Halle, Tempel; 2. Laube
maṁta *m, n* <mantra> (Zauber-)Spruch, Hymne
maṁtai <mantrayate *Denom*> sich beraten
maṁti *m* <mantrin> Minister, Ratgeber
maṁdira *n* <mandira> 1. Tempel; 2. Wohnung
maṁsa *n* <māṁsa> *Anat*, *Obst* Fleisch
makkaḍa *m* <markaṭa> Affe
magga *m* <mārga> Straße, Weg
maggai <mārgati> suchen

maccha *m* <matsya> Fisch; **~bandha** *m* <matsyabandha> Fischer
macchara *m* <matsara> Neid, Eifersucht
macchu *m* <mr̥tyu> Tod
majja *n* <madya> Rauschtrank, Branntwein, Wein
majjai <majjati> sich baden
majjaṇa *n* <majjana> Baden *intr*, Tauchen
[1]**majjha** *Adj* <madhya> mittlerer
[2]**majjha** *Pron pers 1. Pers Sg Gen* <mama> von mir
majjhaṇha *n* <madhyāhna> Mittag
majjhima *Adj* <madhyama> mittlerer, innerer
maṭṭiyā *f* <mr̥ttikā> Lehm, Ton
maḍha *m* <maṭha> Einsiedlerhütte, Zelle
maṇa *n* <manas> 1. Geist, Seele; 2. Denkorgan, Verstand; 3. Gedanke
maṇahara *Adj* <manohara> hinreißend, bezaubernd
maṇāgaṁ *Adv* <manāk> etwas, ein wenig, kaum
maṇi *m* <maṇi> Juwel, Edelstein
maṇussa *m*, **maṇūsa** *m* <manuṣya> Mensch
maṇojja *Adj* <manojña> angenehm, schön
maṇorama *Adj* <manorama> angenehm, lieblich
maṇoraha *m* <manoratha> Begehren, Wunsch
matta *Adj PPP* <matta> berauscht, betört, verrückt
matthaya *m* <mastaka> Kopf
maddaṇa *n* <mardana> Zermalmen
maddava *n* <mārdava> Sanftmut
mannai <manyate> billigen, gutheißen
mama *Pron pers 1. Pers Sg Gen* <mama> von mir, mein
mamma *n* <marman> Schwachstelle, Achillesferse, Blöße
[1]**maya** *m* <mada> 1. Rausch, Rauschtrank; 2. Hochmut, Dünkel
[2]**maya** *Adj PPP* <mr̥ta> verstorben, tot
mayaṁka *m* <mr̥gāṅka> *bildh* Mond
mayaga *n* <mr̥taka> Leichnam
mayaṇa *m* <madana> Liebesgott
marai <marati> sterben
maragaya *m* <marakata> Smaragd
maraṇa *n* <maraṇa> Sterben, Tod
marisei *Kaus* <mr̥ṣ, marṣayati> verzeihen
mala *m* <mala> Schmutz, Kot
malai <mr̥d, mr̥dnāti> reiben
malla *n* <mālya> 1. Blüte; 2. Kranz

malliyā *f* <mallikā> *Jasminart*
masāṇa *n* <śmaśāna> Friedhof
masiṇa *Adj* <masṛṇa> weich, glatt, zart
masī *n* <maṣī> Tinte
mahaimahālaya *Adj* <mahātimahat> sehr groß, gewaltig
mahaṁ *Pron pers 1. Pers Sg Gen* <mama> von mir, mein
mahaṁta *Adj* <mahat> 1. groß, weit, ausgedehnt; 2. mächtig, bedeutend, vornehm
mahaggha *Adj* <mahārgha> kostbar
mahaddaha *m* <mahādraha> großer See
mahappa *m* <mahātman> 1. Weltseele; 2. Heiliger
maharisi *m* <maharṣi> großer Seher
mahavvaya *m*, *n* <mahāvrata> großes Gelübde, strenge Observanz
mahāṇubhāva *Adj* <mahānubhāva> 1. großmächtig; 2. großzügig, edel
mahādevī *f* <mahādevī> Hauptgemahlin eines Herrschers
mahāyasa *Adj* <mahāyaśas> hochberühmt
mahārāya *m* <mahārājan> Großkönig
mahāsatta *m* <mahāsattva> Edler, bedeutende Person
mahāsukka *Adj* <mahāśukla> sehr hell
mahimā *f* <mahiman> Feier, Fest
mahiyala *n* <mahītala> Erdboden
mahilā *f* <mahilā> Frau
mahisa *m* <mahiṣa> Büffel
mahī *f* <mahī> Erde, Land
mahīhara *m* <mahīdhara> *bildh* Berg
mahu *n* <madhu> Honig, Süße
mahuara *m* <madhukara> *bildh* Biene
mahuratta *n* <madhuratva> Süße
mahūsava *m* <mahotsava> großes Fest
mahoyahi *m* <mahodadhi> Ozean
mahoraga *m* <mahoraga> *Jin Myth Name einer großen Schlange*
mā <mā> *prohibitive Partikel* nicht, dass nicht
māiya *Adj PPP* <māpita *Kaus*> gemessen, abgemessen
māulaga *m* <mātulaka> Onkel (*Bruder der Mutter*)
māgaha *m* <māgadha> Barde
māṇa *n* <māna> Stolz, Hochmut
māṇasa *n* <mānasa> Geist, Gemūt
māṇusa *Adj* <mānuṣa> menschlich
māṇei <man *Kaus*, mānayati> ehren

[1]**māyā** *f* <māyā> 1. Zauberei; 2. Betrug, Täuschung
[2]**māyā** f <mātr̥> Mutter
māraṇa *n* <māraṇa> Verletzung, Tötung
māri *m* <mārin> Mörder
māruya *n* <māruta> Wind
mārei <mr̥ *Kaus*, mārayati> ermorden, töten
mālai *f* <mālatī> *Jasminart*
mālā *f* <mālā> Kranz
māsa *m* <māsa> Monat
māsiya *Adj* <māsika> monatlich
māhaṇa *m* <brāhmaṇa> Heiliger, Weiser, Brahmane
māhappa *n* <māhātmya> Erhabenheit, Würde, Majestät
miaā *f* <mr̥gayā> Jagd
mitta *m* <mitra> Freund, Gefährte
miyaṁka *m* <mr̥gāṅka> *bildh* Mond
milai <milati> sich vereinigen, zusammentreffen; *PPP* **miliya**
milāṇa *Adj PPP* <mlāna> verwelkt, erschlafft
miva *Konj* <iva> wie, gleichsam
miha *n* <miṣa> Vorwand, Schein
mīsa *Adj* <miśra> gemischt, vermischt
[1]**mua** *Adj PPP* <mr̥ta> verstorben, tot
[2]**mua** *Adj PPP* <smr̥ta> überliefert
muiṁga *m* <mr̥daṅga> Trommel
muṁcai <muñcati> 1. befreien, erlösen; 2. loslassen, aufgeben
mukka *Adj PPP* <mukta> 1. befreit, freigelassen, erlöst; 2. abgeschossen
mukkha *Adj* <mūrkha> töricht
muccai *Pass* <mucyate> er, sie, es ist erlöst
mucchā *f* <mūrchā> 1. Verblendung; 2. Ohnmacht
mucchiya *Adj PPP* < mūrchita> betäubt, ohnmächtig geworden
mujjhai <muhyati> betört werden, verwirrt sein
muṭṭha *Adj PPP* <muṣṭa> bestohlen, beraubt
muṭṭhi *f* <muṣṭi> 1. Faust; 2. Handvoll
muṇai <*wohl* **man**; *Pāli* munāti, *ved* manyate> wissen, verstehen
muṇāla *n* <mr̥ṇāla> Pflanzenfaser
muṇi *m* <muni> Weiser, Heiliger, Seher
muṇḍa *Adj* <muṇḍa> kahlköpfig
mutta *n* <mūtra> Urin
muttāhala *n* <muktāphala> Perle
mutti *f* <mukti> Befreiung, *Rel* Erlösung

muddā *f* <mudrā> 1. Siegel, Stempel; 2. Siegelring
[1]**muddha** *Adj PPP* <mugdha> 1. töricht, verwirrt; 2. anmutig, entzückend
[2]**muddha** *m* <mūrdhan> Kopf
muyai <muc, muñcati> befreien, erlösen
muyaga *n* <mr̥taka> Leichnam
mulla *n* <mūlya> Wert, Preis
musai <muṣ, muṣṇāti> berauben, bestehlen; *PPP* **muṭṭha** <muṣita, muṣṭa>
muha *n* <mukha> 1. Antlitz, Gesicht; 2. Mund
muhala *Adj* <mukhara> lärmend, geschwätzig
muhutta *m*, *n* <muhūrta> *Zeitraum von 48 Minuten*
mūḍha *Adj PPP* <mūḍha> töricht, närrisch, verblendet
mūla *n* <mūla> 1. Wurzel; 2. Ursache, Grund
me <mā, me> *Kurzform des Akk, Instr u. Gen Sg von* **ahaṁ**
meiṇī *f* <medinī> Erde, Erdboden
meccha *m* <mleccha> Fremder, Barbar
mettā *f* <mātrā> Umfang, Menge
mettī *f* <maitrī> Freundschaft
meya *m* <meda> Fett
melai <milati> sich treffen; *PPP* **meliya** <milita>
meha *m* <megha> Wolke
mehalā *f* <mekhalā> Gurt, Gürtel
mehuṇaya *m* <maithuna> Geschlechtsverkehr
moāvedi <muc *Kaus*, mocayati> er/sie/es lässt befreien
mokkha *m* <mokṣa> 1. Befreiung, Freilassung; 2. *Rel* Erlösung
moggara *m* <mudgara> Hammer, Keule
moḍei <muṭ *Kaus*, moṭayati> zerbrechen, knicken
moṇa *n* <mauna> Schweigen
mottiya *n* <mauktika> Perle
mottuṁ 1. *Postp mit Akk oder Instr* <mukte> außer; 2. *Inf* zu befreien
motthā *f* <mustā> duftende Grasart (Cyperus rotundus)
moya *m* <moda> Lust, Freude
moyaga *m* <modaka> Konfekt
moyāviya <*PPP* muc *Kaus*, mocayita> Freilassung veranlasst
mora *m* <mayūra> Pfau
molla *n* <mūlya> Wert, Preis
[1]**moha** *m* <moha> 1. Verblendung, Irrtum; 2. Betäubung, Ohnmacht
[2]**moha** *Adj* <mogha> vergeblich, zwecklos
mha *Pron pers 1. Pers Pl Präs* <smaḥ> wir sind
mhi *Pron pers 1. Pers Sg Präs* <asmi> ich bin

y

s. unter **j**

r

rai *f* <rati> Liebe, Liebeslust; **~kilā** *f* <ratikrīḍā> Liebesspiel
raiya *Adj PPP* <racita> verfasst, angefertigt
raihara *n* <ratigr̥ha> Freudenhaus
raudda *Adj* <raudra> furchtbar, grausig
raei <rac *Kaus*, racayati> verfassen, anfertigen
raṁjei <raj *Kaus*, rañjayati> erfreuen, entzücken
rakkhai <rakṣati> schützen, retten
rakkhavāla *m* <rakṣapāla> Wächter
rakkhasa *m* <rākṣasa> Dämon
rakkhāghara *n* <rakṣāgr̥ha> Gefängnis
racchā *f* <rathyā> Straße, Chaussee
rajja *n* <rājya> Reich, Königreich
rajju *f* <rajju> Seil, Strick
raṭṭha *n* <rāṣṭra> Land, Reich
raṇa *n* <raṇa> Schlacht
raṇṇa *n* <araṇya> (Ur-)Wald, Dschungel
ratta <rakta> **I.** *Adj* 1. (rot) gefärbt; 2. schön, prächtig; 3. entzückt, verliebt; **II.** *n* Blut
ratti *f* <rātri> Nacht; **~ṁ** *Adv* <rātrim> nachts
ramai <ramati> sich vergnügen
ramaṇa *n* <ramaṇa> (Liebes-)Spiel, Vergnügen, Lust
ramaṇijja *Adj Ger* <ramaṇīya> anmutig, lieblich
ramaṇī *f* <ramaṇī> Gattin, Geliebte
ramma *Adj* <ramya> lieblich, angenehm
raya *Adj PPP* <rata> 1. erfreut, vergnügt; 2. verliebt
rayaṇa *n* <ratna> Juwel, Perle
rayaṇī *f* <rajanī> Nacht
rava *m* <rava> Ton, Stimme, Schreien
ravai <ru, ravati> brüllen, tönen
ravi *m* <ravi> Sonne
rasa *m* <rasa> 1. Geschmack, Geschmackssinn; 2. Flüssigkeit, Saft
rasāala *n* <rasātala> Unterwelt
rasiya *Adj* <rasika> schmackhaft

rassi *m, f* <raśmi> Glanz, Strahl
raha *m* <ratha> Wagen
rahasa <rabhasa> **I.** *Adj* heftig, ungestüm; **II.** *m* Heftigkeit, Eifer
rahassa *Adj* <rahasya> geheim, geheimnisvoll
rahiya *m* <rathika> Fahrer, Wagenlenker
rāiā *f* <rājikā> *Senfart*
rāī *f* <rātrī> Nacht
rāīsara *m* <rājeśvara> Prinz
rāesi *m* <rājārṣi> königlicher Weiser
rāga *m* <rāga> 1. (rote) Farbe; 2. Leidenschaft, Liebe
[1]**rāya** *m* <rāga> Liebe, Zuneigung
[2]**rāya** *m* <rājan> König
rāyaula *n*, **rāyakula** *n* <rājakula> königliche Familie, Königshaus
rāyapaha *n* <rājapatha>, **rāyamagga** *n* <rājamārga> Hauptstraße
rāyahaṁsa *m* <rājahaṁsa> ‚Königsgans', Flamingo
rāsi *m* <rāśi> *m* Haufen, Menge
riu *m* <ripu> Feind
rikkha <r̥kṣa> 1. *m* Bär; 2. *n* Stern, Sternbild
riccha *m* <r̥kṣa> Bär
riṇa *n* <r̥ṇa> Schuld(en), Verpflichtung
ritta *Adj PPP* <rikta> leer, hohl
rittha *n* <riktha> Erbe, Nachlass
riddhi *f* <r̥ddhi> Wohlstand, Gedeihen, Pracht
risi *m* <r̥ṣi> Seher, Heiliger, Weiser
ruira *Adj* <rucira> prächtig
ruṁḍa *m* <ruṇḍa> Rumpf
rukkha *n* <vr̥kṣa> Baum
rugga *Adj PPP* <rugṇa> zerbrochen, zertrümmert
ruccai <ruc *Kaus*, rocayati> aufhellen, aufheitern
ruṭṭha *Adj PPP* <ruṣṭa> zornig, wütend
ruṇṇa *Adj PPP* <rudita> weinend, geweint
ruddha *Adj PPP* <ruddha> aufgehalten, gehindert
ruppa *n* <rūpya> Silber
ruyai <rudati> weinen; *PPP* **ruṇṇa**
ruvai <rudati> weinen
ruvvai *Pass* <rudyate> es wird geweint
rusai <ruṣyate> er/sie/es wird erzürnt
ruhira *n* <rudhira> Blut
rūa *s.* **rūva**

rūḍha *Adj PPP* <rūḍha> gewachsen, gediehen, sprießend
rūva *n* <rūpa> Form, Gestalt
rūvavaī *f* <rūpavatī> schöne Frau
rūsai <ruṣ, roṣati> zürnen
re <re> *Interj der Anrede*
rehā *f* <lekhā> Linie, Strich
rottuṁ *Inf von* **rovai**
roma *n* <roman> Haar, *Zool* Feder
roya *n* <roga> Krankheit
royai <ruc, rocate> angenehm sein, gefallen
[1]**rovai** <rud, rodati> weinen, jammern
[2]**rovai** <ruh *Kaus*, ropayati> wachsen lassen, verbreiten, vermehren
rosa *m* <roṣa> Zorn, Wut
rohiya *Adj PPP* <ruddha> eingeschlossen, belagert

l

lauḍa *m* <laguḍa> Knüppel
laṁgūla *n* <lāṅgūla> Schwanz
laṁghai <laṅghati> überschreiten, überspringen
laṁchaṇa *n* <lāñchana> Merkmal, Zeichen
laṁbei <lamb *Kaus*, lambayati> ausweiten, verlängern
[1]**lakkha** *n* <lakṣa> die Zahl 100.000
[2]**lakkha** *n* <lakṣya> Verstellung, Schein
lakkhaṇa *n* <lakṣaṇa> Merkmal, Zeichen, (glückliches) Vorzeichen
lagga *Adj PPP* <lagna> anhaftend, feststeckend, sich anhängend (an)
lacchī *f* <lakṣmī> 1. Glück, Reichtum; 2. Pracht, Schönheit
lajjai <lajjate> sich schämen
lajjā *f* <lajjā> Scham, Verlegenheit
laṭṭhi *f* <yaṣṭi> Gerte, Stock, Stab
laḍaha *Adj* <laṭabha> hübsch, schön
laṇha *Adj* <ślakṣṇa> glatt, weich, zart, dünn
laddha *Adj PPP* <labdha> erlangt, erhalten
laddhi *f* <labdhi> Empfang, Erhalt, Gewinn
labhai <labhate> erlangen, erhalten, bekommen; *PPP* **laddha**
layā *f* <latā> Liane, Ranke
lalai <lalati> scherzen, spielen
lavai <lapati> sprechen, schwatzen
lahai <labhate> erlangen, erhalten

lahuya *Adj* <laghuka> 1. klein; 2. gering, schwach; 3. flink, schnell

lahei <labh *Kaus*, lambhayati> erlangen lassen, geben

lābha *m* <lābha> Erlangung, Erhalt, Gewinn

lāyaṇṇa *n* <lāvaṇya> Anmut, Schönheit

lālasa *Adj* <lālasa> gierig, lüstern

lia *Adj PPP* <līna> verschwunden, aufgegangen (in), hingegeben (an)

liṁga *n* <liṅga> 1. Kennzeichen, Merkmal; 2. (Mönchs-)Abzeichen

litta *Adj PPP* <lipta> bestrichen, beschmiert, gesalbt

[1]**lihai** <lih, lihati> lecken, auf-, ablecken

[2]**lihai** <likhati> ritzen, schreiben; *PPP* **lihiya** <likhita>

lua *Adj PPP* <lūṇa> geschnitten

lukka *Adj* <?> steckend an *oder* in

lukkha *Adj* <rūkṣa> rau, unwirsch

luddhaka *m* <lubdhaka> Jäger

luppai *Pass* <lupyate> er/sie/es wird beraubt

lekkha *m* <lekhya> 1. Schreiben, Brief; 2. Liste

leṭṭhuya *m* <leṣṭuka> Erdklumpen

lesā *f* <leśyā> Licht(strahl), Glanz

lehā *f* <lekhā> Linie, Strich

loṇa *n* <lavaṇa> Salz

lobha *m* <lobha> Gier, Habsucht, Verlangen

[1]**loya** *m* <loka> Welt

[2]**loya** *m* <loca> *Haare* Scheren

loyaṇa *n* <locana> Auge

lola *Adj* <lola> gierig, begehrlich, verlangend

loluva *Adj* <lolupa> gierig, verlangend

lovei <lup *Kaus*, lopayati> unterlassen, versäumen

[1]**loha** *s.* **lobha**

[2]**loha** *n* <loha> Metall, *bes* Kupfer *u.* Eisen

lohāra *m* <lohakāra> Kupferschmied

lohiya *n* <lohita> Blut

lhāsaṇa *n* <laśuna> Knoblauch

v

[1]va *Konj* <iva> wie, gleichsam
[2]va *Konj* <vā> wahlweise, fakultativ, oder
vaassa *m* <vayasya> Altersgenosse, Freund
vaiyara *m* <vyatikara> 1. Vorfall, Begebenheit, Geschehen; 2. Verfall, Untergang
vaira *n* <vaira> Feindschaft, Streit
vairi *m* <vairin> Feind
vaīra Adj <vairin> feindlich
vaṁka *Adj* <vakra> krumm, schief
vaṁda *n* <vr̥nda> Schar, Trupp, Herde
vaṁdai <vandate> 1. ehren, preisen; 2. ehrerbietig begrüßen
vaṁdaya *m* <vandaka> Verehrer
vaṁsa *m* <vaṁśa> 1. (Bambus-)Rohr; 2. Geschlecht, Sippe
vakkala *n* <valkala> Bast, *Bot* Rinde
vakkha *n* <vakṣas> Brust
vakkheva *m* <vyākṣepa> Zerstreutheit
vagga *m* <varga> Schar, Gruppe, Menge
vaggaṇa *n* <valgana> Springen, Hüpfen
vaggha *m* <vyāghra> Tiger
vaccai <vrajati> schreiten, wandern, gehen
[1]vaccha <vakṣas> Brust
[2]vaccha <vr̥kṣa> Baum
[3]vaccha <vatsa> Kalb, Kind, Junges
vacchara *m* <vatsara> Jahr
vacchala *Adj* <vatsala> liebevoll, zärtlich
vacchā *f* <vatsā> Mädchen
vajja *m* <vajra> Diamant
vajjei <vr̥j *Kaus*, varjayati> aufgeben, beseitigen, vermeiden; *Abs* **vajjiya** außer, ohne
vajjha *Adj Ger* <vadhya> zu töten
vajjhā *f* <vadhyā> Tötung, Mord
vaṭṭae <vartate> 1. sein, werden, existieren, sich befinden; 2. vorgehen, verfahren
vaṭṭi *f* <varti> Docht
vaṭṭha *n* <pr̥ṣṭha> Oberfläche
vaḍa *m* <vaṭa> indischer Feigenbaum (Ficus religiosa)
vaḍaṇa *n* <patana> Fall, Sturz

vaḍavā *f* <vaḍavā> Stute
vaḍāhā *f* <patākā> Fahne, Flagge
vaḍiya *Adj PPP* <patita> gefallen, gestürzt
vaḍiṁsaya *m* <avataṁsaka> 1. Stirnschmuck, Diadem; 2. Palast
vaḍḍhai <vr̥dh, vardhati> wachsen, zunehmen, gedeihen
vaṇadava *m* <vanadava> Waldbrand
vaṇamālā *f* <vanamālā> Waldblumenkranz, Girlande
vaṇayara <vanacara> **I.** *Adj* im Walde wohnend; **II.** *m* 1. Waldbewohner; 2. Förster
vaṇahatthi *m* <vanahastin> Waldelefant
[1]**vaṇa** *m* <vraṇa> 1. Wunde; 2. Geschwür, Beule
[2]**vaṇa** *m* <vana> Wald
vaṇitā *f* <vanitā> Geliebte
vaṇiya *m* <vaṇij> Kaufmann, Händler
vaṇṇa *m* <varṇa> 1. Farbe; 2. Laut, Ton, Vokal
vaṇṇae <varṇayati> 1. bemalen, färben; 2. schildern, beschreiben; *PPP* **vaṇṇiya**
vaṇṇaya *m* <varṇaka> Beschreibung
vaṇhi *m* <vahni> Feuer
vatta *n* <pattra> *Bot* Blatt
vattavva *Adj Ger* <vaktavya> zu sagen, auszusprechen, zu benennen
vattā *f* <vārttā> Nachricht, Gerücht, Kunde
vatti *f* <vr̥tti> Tätigkeit, Aktion, Durchführung
vattiyā *f* <vartikā> 1. Pinsel; 2. Docht
vattha *n* <vastra> Kleid, Stoff, Tuch
vaddhaṇa *n* <vardhana> Wachstum, Gedeihen
vammaha *m* <manmatha> Liebe, Liebesgott
vammīya *m* <valmīka> Termitenhügel
[1]**vaya** *m* <pada> Stellung, Stand
[2]**vaya** *m*, *n* <vrata> Eid, Gelübde, Observanz
vayai <vrajati> schreiten, wandern, gehen
vayaṁsa *m* <vayasya> Altersgenosse, gleichaltriger Freund
[1]**vayaṇa** *m* <vacana> Sprechen, Rede
[2]**vayaṇa** *n* <vadana> Mund, Gesicht
[1]**vara** *Adj* <vara> bester, schönster
[2]**vara** *n* <vara> Wunsch
varāya *Adj* <varāka> elend, jämmerlich
varāha *m* <varāha> Eber
variṭṭha *Adj Sup* <variṣṭha> vorzüglichster, bester
varisa *m*, *n* <varṣa> 1. Regen; 2. Jahr

varisāla *m* <varṣakāla> Regenzeit
varei <vr̥ *Kaus*, varayati> wählen, erwählen
valai <valati> 1. sich wenden; 2. sich zeigen
valaya *m*, *n* <valaya> Armreif
vallaha *Adj* <vallabha> beliebt, lieb
vavadesi <vi-apa-diś, vyapadiśati> vorgeben, vorschützen
vavasāya *m* <vyavasāya> 1. Entschlossenheit, Beschluss, Vorhaben; 2. Durchführung, Vollzug
vavaharai <vyava-harati> 1. Handel treiben, handeln; 2. verkehren (mit)
vavahāri *m* <vyavahārin> Kaufmann, Händler
vasa *m* <vaśa> Herrschaft, Gewalt, Macht
vasai <vasati> wohnen, verweilen, sich aufhalten
vasaṁta *m* <vasanta> Frühling
vasaṁtūsava *m* <vasantotsava> Frühlingsfest
vasaṇa *n* <vyasana> Missgeschick, Unfall
vasabha *m* <vr̥ṣabha> Stier
[1]vasā *f* <vasā> <zerlassenes> Fett
[2]vasā *Abl* <vaśyāt> durch Zwang, mit Gewalt
vasīkaya *Adj PPP* <vaśīkr̥ta> unterjocht, unterworfen
vasīkaraṇa *n* <vaśīkaraṇa> 1. Unterwerfung, Bezwingung; 2. Verzauberung
vasuhā *f* <vasudhā> Erde, Land
[1]vaha *m* <patha> Weg, Pfad
[2]vaha *m* <vadha> Tötung, Mord
[1]vahai <vahati> fahren *tr u. intr*; *PPP* **vūḍha** getragen, befördert
[2]vahai <vadhati> töten
vahaṇa *n* <vahana> 1. Transport; 2. Schiff
vahiya *Adj PPP* <avahita> beobachtet, angeblickt, gesichtet
vahū *f* <vadhū> Braut, Frau
vā *Konj* <vā> oder
vāai <vahati> blasen, wehen
vāasa *m* <vāyasa> Krähe
vāu *m* <vāyu> Wind
vāḍāaṇa *n* <vātāyana> Fenster
vāḍi *f* <vāṭī> Garten, Gehege
vāṇa *m* <bāṇa> Pfeil
vāṇara *m* <vānara> Affe
vāṇaraloa *m* <vānaraloka> Affenvolk
vāṇī *f* <vāṇī> Stimme, Rede, Wort
vāma *Adj* <vāma> links befindlich

vāmaṇa *m* <vāmana> Zwerg
vāmaddaṇa *n* <vyāmardana> Massage
vāya *m* <vāta> Wind, Luft
vāyaga *m* <vāyaka> Musikant
vāyā *f* <vāc> Stimme, Rede, Sprache
vāyāyaṇa *n* <vātāyana> Fenster
vāraṇa <vāraṇa> 1. *m* Elefant; 2. *n* Abwehr, Widerstand
vārei <vr̥ *Kaus*, vārayati> abwehren, hemmen, zurückhalten
vāla *m* <vāla> Haar
vāluya *m* <vāluka> Sand
vāvaḍa *Adj PPP* <vyāpr̥ta> beschäftigt, eingesetzt
vāvāei <vi-ā-pad *Kaus*, vyāpadayati> vernichten, töten
[1]**vāsa** *m* <vāsa> Wohnung
[2]**vāsa** *m*, *n* <varṣa> 1. Regen; 2. Jahr
[3]**vāsa** *n* <vāsas> Kleid, Gewand, Stoff, Tuch
vāsara *m* <vāsara> Tag
vāsāratta *n* <varṣārātra> Regenzeit
vāsiya *Adj PPP* <vāsita> aromatisiert, gewürzt
[1]**vāha** *m* <vāha> 1. Zugtier; 2. Lasttier; Last
[2]**vāha** *m* <vyādha> Jäger
vāhai <bādhate> bedrängen, plagen, quälen
vāhaṇa *m*, *n* <vāhana> 1. Fahrzeug, Wagen; 2. Schiff
vāharai <vi-ā-hr̥, vyāharati> sprechen, singen, (herbei)rufen
vāhi *m* <vyādhi> Krankheit
vāhiya *Adj* <vyādhita> krank
vāhiyālī *f* <vāhyālī> Reitbahn
vāhiriya *Adj* <bāhiriya> draußen befindlich
vāhei <vah *Kaus*, vāhayati> fahren lassen, lenken, reiten
[1]**vi** <vi> *Präf* (~/-) auseinander-, zer-, weg-
[2]**vi** *Konj* <api> 1. auch; 2. sogar
viala *Adj* <vikala> mangelhaft, unvollständig; *Anat* lahm, verkrüppelt
vialia *Adj PPP* <vi-garita> zerronnen, verschwunden
vii *f* <vr̥ti> 1. Fesselung; 2. Zaun
viiṇṇa *Adj PPP* <vitīrṇa> verliehen, zugeteilt
[1]**viiya** *Adj PPP* <vidita> bekannt, erkannt
[2]**viiya** *Adj* <dvitīya> anderer, zweiter
viula *Adj* <vipula> ausgedehnt, umfangreich, weit, groß, tief
viusa *Adj* <vidvas> weise, gelehrt
viuha *Adj* <vibudha> gelehrt

viesa *m* <videśa> Ausland, Fremde
vioa *m* <viyoga> Trennung, Loslösung
viṁjha *m Geogr* das Vindhya-Gebirge
viṁda *n* <vr̥nda> Schar, Trupp, Herde
viṁdhai <vyadh, vidhyati> durchbohren
vikittha *Adj PPP* <vikr̥ṣṭa> ausgedehnt, lang, weit
vikkaṁta *Adj PPP* <vikrānta> gewaltig, siegreich
vikkama *m* <vikrama> Mut, Kraft, Gewalt
vikkaya *m* <vikraya> Verkauf
vikkhāya *Adj PPP* <vikhyāta> berühmt
vikkhivai <vi-kṣipati> zerstreuen, verscheuchen, vertreiben
vikkheva *m* <vikṣepa> 1. Wurf; 2. Gleichgültigkeit, Missachtung
vigappaṇa *n* <vikalpana> (falsche) Annahme
vigala *Adj* <vikala> mangelhaft, unvollständig
viggha *m* <vighna> Hemmung, Hindernis
vighatta *Adj PPP* <vi-ghasta> gegessen, verzehrt
vighāya *m* <vighāta> 1. Schlag, Hieb; 2. Hemmung, Störung, Fehlschlag
viciṁtei <vi-cint, vi-cintayati> überlegen, nachdenken
vicitta *Adj* <vicitra> mannigfaltig, verschiedenartig
vicchaḍḍei <vi-chr̥d *Kaus*, vichardayati> wegwerfen, weggeben
vijaya *m* <vijaya> Sieg, Eroberung
vijjae <vidyate> vorhanden sein, „es gibt"
vijjā *f* <vidyā> Wissenschaft, Lehre
vijjāhara *m* <vidyādhara> *Myth Gruppe zauberischer Luftgenien*
vijju *n* <vidyut> Blitz
vijjuliā *f* <vidyutikā> Blitzstrahl
vijjhai <vidhyati> durchbohren, verwunden
vijjhāmai <vi-dhamati> auslöschen, beruhigen; *PPP* **vijjhāya**
viḍaṁbaṇa *n* <viḍambana> Täuschung, Betrug
viḍava *m* <viṭapa> Zweig, Ranke
viḍhappai *Pass Kaus* <viḍhāpyate> eingerichtet
viṇaya *m* <vinaya> 1. Erziehung; 2. Anstand, Disziplin
viṇassae <vi-naśyate> zugrunde gehen
viṇā *Präp* <vinā> ohne, außer
viṇāsa *m* <vināśa> Schwund, Untergang
viṇāsei <vi-naś *Kaus*, vināśayati> zugrunde richten, vernichten
viṇikkhamai <vi-niṣ-kram> hinausgehen
viṇiggaya *Adj PPP* <vinirgata> herausgekommen, erschienen
viṇibaddha *Adj PPP* <vinibaddha> *bildh* gefesselt

viṇimmiya *Adj PPP* <vinirmita> 1. festgesetzt, bestimmt; 2. zusammengesetzt
viṇīya *Adj PPP* <vinīta> bescheiden, diszipliniert, fein
viṇoya *m* <vinoda> Unterhaltung, Vergnügen, Zeitvertreib
viṇṇatta *Adj* <vijñapta, *PPP* von *Kaus* vijñāpayati> 1. benachrichtigt; 2. belehrt, unterwiesen
viṇṇavei *Kaus* <vijñāpayati> mitteilen
viṇṇāṇa *n* <vijñāna> Erkenntnis
viṇṇu *Adj* <vijña> gelehrt, erfahren, kundig
viṇhu *m* <viṣṇu> der Hochgott Viṣṇu
vitattha *Adj PPP* <vitrasta> erschrocken
[1]**vitta** *n* <vṛtta> Ausführung, Verrichtung
[2]**vitta** *n* <vitta> Besitz, Habe, Vermögen
vitthaḍa *Adj PPP* <vistr̥ta> ausgedehnt, weit
vitthara *m* <vistara> Ausdehnung; **vitthareṇa** *Instr Adv* vollständig, ausführlich
vitthiṇṇa *Adj PPP* <vistīrṇa> ausgedehnt, ausgebreitet
vidduma *n* <vidruma> Koralle
vinnatti *f* <vijñapti> 1. Erkenntnis, Weisheit; 2. Bitte, Gesuch
vinnāṇa *n* <vijñāna> 1. Kenntnis, Wissen; 2. Erkenntnis
vinnāsa *m* <vinyāsa> 1. Einrichtung, Anlage; 2. Stellung, Lage
vippa *m* <vipra> gelehrter Brahmane, Priester
vippamukka *Adj PPP* <vipra-mukta> befreit, erlöst, frei (von)
vipphoḍa *m* <visphoṭa> Pickel, Pustel
vibuha *m* <vibudha> Gott
vibbhama *m* <vibhrama> 1. Trug, Schein, Wahn; 2. Flirt, Koketterie
vibbhala *Adj* <vihvala> bestürzt, verwirrt
vibhava *m* <vibhava> Reichtum, Macht
vibhūi *f* <vibhūti> 1. Macht, Herrlichkeit; 2. Gedeihen, Wohlstand
vibhūsiya *Adj PPP* <vibhūṣita> geschmückt
vimaṇa *Adj* <vimanas> 1. gedankenlos, töricht; 2. niedergeschlagen, traurig
vimala *Adj* <vimala> fleckenlos, rein, sauber, lauter
vimāṇa *m*, *n* <vimāna> 1. Götterpalast; 2. *Myth* Luftfahrzeug, Wagen
vimāṇei <vi-man *Kaus*, vimānayati> beschimpfen
vimissa *Adj* <vimiśra> vermischt
vimukka *Adj PPP* <vimukta> 1. befreit, *Rel* erlöst; 2. beraubt
vimuccai <vi-muc, vimuñcati> befreien, *Rel* erlösen; *PPP* **vimukka**, **vimutta**
vimuha *Adj* <vimukha> 1. indifferent; 2. abgeneigt
vimohei <vi-muh *Kaus*, vimohayati> betören, verwirren
vimhaya *m* <vismaya> Überraschung, Staunen, Wunder
vimhiya *Adj PPP* <vismita> erstaunt

viya *Konj* <iva> wie, gleichsam, etwa
viyaṁbhai <vi-jṛmbhate> gähnen
viyakkhaṇa *Adj* <vicakṣaṇa> erfahren, weise
viyaḍa *Adj* <vikaṭa> ungeheuer, riesig, weit
viyaḍḍha *Adj* <vidagdha> gebildet, gelehrt
viyaṇā *f* <vedanā> Schmerz
viyappa *n* <vikalpa> Unschlüssigkeit, Zweifel
viyaya *Adj* <vitata> ausgebreitet
viyasiya *Adj PPP* <vikasita> aufgeblüht, erschlossen
[1]**viyāṇa** <vi-jñā, vi-jānāti> erkennen
[2]**viyāṇa** *m*, *n* <vitāna> Ausbreitung, Umfang
viyāra *m* <vikāra> Umwandlung, Veränderung
viyārei <vi-car *Kaus*, vicārayati> erwägen, überlegen, prüfen
virajjai <vi-rañj, vi-rajyati> gleichgültig werden, *Interesse, Liebe* erkalten; *PPP* **viratta** <virakta>
viratta *s.* **virajjai**
viramai <vi-ramate> aufhören, entsagen
virala *Adj* <virala> gering, wenig, selten
virasa *Adj* <virasa> 1. saftlos, trocken; 2. ekelhaft, widerlich
viraha *m* <viraha> Trennung, Unterbrechung
virahiya *Adj PPP* <virahita> abgesondert, isoliert, einsam
virikka *Adj PPP* <virikta> geleert, entleert
viruddha *Adj PPP* <viruddha> entgegengesetzt, feindselig
vila *n* <bila> Loch, Öffnung, Höhle
vilakkha *Adj* <vilajja> verschämt, verlegen
vilaggai <vi-lagati> hängen bleiben, haften, sich festhalten
vilavai <vi-lapati> jammern
vilasai <vi-lasati> sich vergnügen, spielen
vilāsa *m* <vilāsa> Flirt, Koketterie, Spiel
vilāsiṇī *f* <vilāsinī> Kokotte
viliyā *f* <vrīḍā> Scham
vilīṇa *Adj PPP* <vilīna> aufgelöst, zergangen
vilumpai <vi-lup, vilumpati> rauben, plündern; *PPP* **vilutta** <vilupta>
vilevaṇa *n* <vilepana> 1. Einreibung; 2. Salbe
viva *Konj* <iva> wie, gleichsam
vivajjai <vi-padyate> umkommen, verderben *intr*, zugrunde gehen
vivaṇṇa *Adj* <vivarṇa> entfärbt, farblos, bleich, blass
vivara *n* <vivara> Öffnung, Höhle, Loch, Ritze, Spalt
vivāga *m* <vipāka> Lohn, Resultat

vivāha *m* <vivāha> Heirat, Hochzeit
viviha *Adj* <vividha> mannigfaltig, verschiedenartig
vivega *m* <viveka> 1. Unterscheidung, Trennung; 2. Kritik, Prüfung, Untersuchung
visa *n* <viṣa> Gift
visaṁghaḍaṁta *Part Präs* <vi-sam-ghaṭant> zerstreuend, trennend
visaṁbha *m* <viśrambha> Vertrauen, Arglosigkeit, Zutraulichkeit
visajjei <vi-sr̥j *Kaus*, visarjayati> 1. loslassen, entlassen; 2. entsenden; *PPP* **visajjiya** <visr̥ṣṭa>
visaṇṇa *Adj PPP* <visaṇṇa> 1. bestürzt, niedergeschlagen, verzweifelt; 2. sündig
visattha *Adj PPP* <viśvasta> vertrauensvoll
visama *Adj* <viṣama> 1. uneben; 2. unzugänglich
visaya *m* <viṣaya> 1. Gebiet, Land, Reich; 2. Sinnesfreude, Liebesgenuss
visalla *Adj* <viśalya> 1. unverwundet; 2. zwecklos
visahara *m* <viṣadhara> Giftschlange
visāya *m* <viṣāda> Bestürzung, Verzweiflung
visāṇa *n* <viṣāṇa> *Zool* Horn
visāmai <vi-śram, viśrāmyati> sich ausruhen, sich erholen
visāla *Adj* <viśāla> ausgedehnt, geräumig, weit
visiṭṭha *Adj* <viśiṣṭa> 1. hervorragend, ausgezeichnet; 2. besonders, speziell
visuddha *Adj PPP* <viśuddha> fleckenlos, makellos, rein, lauter
visumarai <vi-smr̥, vismarati> vergessen
visesa *m* <viśeṣa> 1. Besonderheit, Spezifik; 2. Art, Spezies
visesei <vi-śiṣ *Kaus*, viśeṣayati> unterscheiden, differenzieren
[1]**vissa** *Adj* <viśva> alles, jeder, ganz
[2]**vissa** *Adj* <visra> muffig
vissāma *m* <viśrāma> Aufhören, Ausruhen, Ruhe
vissāsa <viśvāsa> Glaube, Vertrauen
vihaga *m* <vihaga> *bildh* Vogel
vihaḍai <vi-ghaṭate> auseinandergehen, sich trennen
vihala *Adj* <viphala> fruchtlos, vergeblich
viharai <vi-hr̥, viharati> sich vergnügen, lustwandeln
vihava *m* <vibhava> Reichtum, Macht
vihi *n* <vidhi> 1. Gesetz, Regel; 2. Art und Weise, Modus; 3. Schicksal
vihasiya *n* <vihasita> Gelächter
vihāṇa *n* <vidhāna> 1. Vorschrift; 2. Art und Weise, Modus; 3. Verfahren, Durchführung
vihiya *Adj PPP* <vihita> 1. geordnet, eingerichtet; 2. vorgeschrieben

vihīṇa *Adj PPP* <vihīna> ermangelnd, ohne ... seiend
vihu *m* <vidhu> Mond
vihura *Adj* <vidhura> niedergeschlagen, betrübt, traurig, hilflos
vihūṇai <vi-dhūnoti> abschütteln, entfernen, beseitigen
viheya *Adj* <vidheya> abhängig, gehorsam
vīṇā *f* <vīṇā> Laute
vīyaṇa *n* <vījana> Fächer
vīsai *f Num* <viṁśati> zwanzig
vīsamai <vi-śrāmyati> sich ausruhen, sich erholen
vīsasai <vi-śvas, viśvasiti> vertrauen (auf)
vīhattha *Adj* <bībhatsa> widerlich, abscheulich
vīhiyā *f* <vīthikā> Straße
vīhei <bhī, bibheti> sich fürchten, sich sorgen
vuggāhai <vi-ud-grah *Kaus*, vyudgrāhayati> betören, verwirren; *PPP* **vuggāhia** <vyudgrahīta>
vuccai *Pass* <ucyate> es wird gesprochen
vuṭṭha *Adj PPP* <vr̥ṣṭa> beregnet
vuṭṭhi *f* <vr̥ṣṭi> Regen
vuḍḍha *Adj PPP* <vr̥ddha> 1. gewachsen, gediehen; 2. alt
vutta *Adj PPP* <vr̥tta> erfolgt, geschehen, beendet
vuttaṁta *n* <vr̥ttānta> Begebenheit, Ereignis
vutthaṁ *Adv* <vyuṣṭham> bei Tagesanbruch
vubbhai *Pass* <uhyate> es wird getragen
vūḍha *Adj PPP* <vyūḍha> getragen, befördert
vūha *n* <vyūha> *Mil* Aufstellung, Schlachtordnung
vejja *m* <vaidya> Arzt
veḍha *m* <veṣṭa> Einfriedung, Einfassung
veḍhiya *Adj PPP* <veṣṭita> umhüllt, eingefasst, umfriedet
veḍhei *Kaus* <veṣṭayati> umhüllen, umwinden; *PPP* **veḍhiya** <veṣṭita>
veṇu *m* <veṇu> Bambus; Rohrflöte
vediyā *f* <vedikā> Podium, Tribüne
vemāṇiya *m* <vaimānika> *Jin himmlisches Wesen*
[1]**veya** *m* <veda> 1. *Lit* Veda; 2. Kenntnis, Wissen
[2]**veya** *m* <vega> Geschwindigkeit, Ruck, Anprall, Impuls
veyaṇā *f* <vedanā> Schmerz
vera *n* <vaira> Feindschaft
veragga *n* <vairāgya> Lebensüberdruss
veramaṇa *n* <viramaṇa> Nachlassen, Aufhören
veri *m* <vairin> Feind

veruliya *n* <vaiḍūrya> Beryll
velā *f* <velā> Zeit
vesa *m* <veṣa> Kleid, Gewand, Tracht
vesā <veśyā> Hetäre, Dirne
veha *m* <vedha> Durchbohren, Zerschneiden
vehavva *n* <vaidhavya> Witwenstand
vo *Pron pers 2. Pers Pl Akk* <vaḥ> euch
vocchaṁ *Fut* <vac, vakṣyāmi> ich werde sprechen
voḍhāra *m* <vodhr̥> Träger
volai <vi-ava-līyate> zergehen, zerfließen
vosirai <vi-ut-sr̥j, vyutsr̥jati> aufgeben, loslassen
vva *Konj nach Vokalen* <iva> wie, gleichsam
vvavahāra *m* <vyavahāra> 1. Umgang, Verkehr; 2. Geschäft, Handel

s

[1]sa <sa> (~/-) *in Adj u. Adv* mit (*nicht in instrumentaler, sondern in komitativer Bedeutung*), versehen (mit), begleitet (von)
[2]sa <sva> **I.** *Pron poss* eigen = mein, dein, sein, ihr; **II.** *n* Habe, Eigentum
saa *n* <śata> hundert
[1]saala *n*, *m* <śakaṭa> Karren
[2]saala *n* <śakala> Stück, Stückchen
saā Adv <sadā> immer, stets
sauṇṇa *Adj* <sapuṇya> tugendreich
saṁkamai <saṁkramati> gehen, laufen, eintreten
saṁkalā *f* <śr̥ṅkhalā> Kette, (Fuß-)Fessel
saṁkā *f* <śaṅkā> Furcht, Zweifel
saṁkiṇṇa *Adj PPP* <saṁkīrṇa> 1. gemischt; 2. *Zool* brünstig
saṁkula *Adj* <saṁkula> voll (von), versehen (mit)
saṁkeya *m* <saṁketa> Verabredung, Rendezvous
saṁkha *m*, *n* <śaṅkha> Muschel
saṁkhasutti *f* <śaṅkhasukti> Perlmutter
saṁkhāa *Adj PPP* <saṁ-styāta> geronnen
saṁkhoha *m* <saṁkṣobha> *auch Psych* Erschütterung
saṁga *n* <saṅga> Zusammenhang, Verbindung
saṁgama *m* <saṁgama> 1. Treffen, Zusammenkunft; 2. Verbindung, Kontakt
saṁgāma *m* <saṁgrāma> Kampf, Schlacht
saṁgovai <sam-gup, saṁgopayati> hüten, schützen
saṁghāya *m* <saṁghāta> Fülle, Menge

saṁghia *Adj PPP* <saṁhita> angewandt, betätigt
saṁcaya <saṁcaya> Haufen, Menge
saṁcāra <saṁcāra> Umherschweifen, Fahrt
saṁciṭṭhaṇa *n* <saṁsthāna> Aufenthalt, Verweilen
saṁchaṇṇa *Adj PPP* <saṁchanna> bedeckt, verhüllt, verborgen
saṁjaī *f* <saṁyatā> *bildh* Nonne
saṁjattiya *Adj* <sāṁyātrika> reisend, auf einer Reise befindlich
saṁjama *m* <saṁyama> Selbstbeherrschung
saṁjāya *Adj PPP* <saṁjāta> geboren, entstanden
saṁjutta *Adj PPP* <saṁyukta> verbunden, vereinigt
saṁjoga *m* <saṁyoga> Vereinigung, Verbindung
saṁjhā *f* <saṁdhyā> (Abend-)Dämmerung, Zwielicht
saṁṭhāṇa *n* <saṁsthāna> Form, Gestalt, Figur
saṁṭhiya *Adj PPP* <saṁsthita> 1. bleibend, verweilend; 2. bestehend, vorhanden
saṁḍa *m*, *n* <ṣaṇḍa> Baumgruppe
saṁtatta *Adj PPP* <saṁtapta> erhitzt
saṁtāva *m* <saṁtāpa> 1. Glut, Hitze; 2. Kummer, Schmerz, Qual, Pein
saṁtuṭṭha *Adj PPP* <saṁtuṣṭa> befriedigt, zufrieden, versöhnt
saṁdaṭṭha *Adj PPP* <saṁdaṣṭa> durchgebissen
saṁdaṇa *m* <syandana> Fahrzeug, Wagen
saṁdiṭṭha *Adj PPP* <saṁdiṣṭa> 1. bezeichnet, verkündet; 2. bestimmt, festgesetzt
saṁdisai <sam-diśati> festsetzen, bestimmen, befehlen
saṁdeha *m* <saṁdeha> Zweifel, Ungewissheit
saṁdhai <sam-dadhāti> zusammensetzen, verbinden
saṁdhi *m* <saṁdhi> 1. Verbindung, Vertrag; 2. Grenze; 3. Mauerdurchbruch; Bresche
saṁdhukkhei *tr* <sam-dhukṣayati> anfachen, anzünden
saṁpai *Adv* <saṁprati> gerade jetzt, rechtzeitig, eben, genau
saṁpajjai <sam-padyate> gelingen
saṁpatta *Adj PPP* <saṁprāpta> erlangt, erhalten
saṁpadatta *Adj PPP* <saṁpradatta> dargeboten, gewährt
saṁpanna *Adj PPP* <saṁpanna> 1. gelungen; 2. versehen (mit)
saṁpayaṁ *Adv* <sāṁpratam> jetzt, gerade jetzt
saṁpayā *f* <saṁpad> Gelingen, Glück, Erfolg, Wohlstand
saṁpalitta *Adj PPP* <saṁpradīpta> lodernd, aufflammend
saṁpīḍiya *Adj PPP* <saṁpīḍita> gepeinigt, gequält
saṁpuḍa *m* <saṁpuṭa> 1. Anhäufung, Vorrat; 2. Kiste

saṁpuṇṇa *Adj PPP* <saṁpūrṇa> voll, vollständig
saṁpūjiya *Adj PPP* <saṁpūjita> geehrt, verehrt, *Rel* angebetet
saṁpesai <sam-pra-iṣ, saṁpreṣati> schicken, senden
saṁpesaṇa *n* <saṁpreṣaṇa> Abschicken, Sendung
saṁbaṁdha *m* <saṁbandha> Verbindung, Zusammenhang, Beziehung
saṁbujjhai <sam-budh, saṁbodhati> *bildh* erwachen, *bes Rel* weise werden; *PPP* **saṁbuddha**
saṁbhaṁta *Adj PPP* <saṁbhrānta> verwirrt, bestürzt, aufgeregt
saṁbhama *n* <saṁbhrama> Bestürzung, Verwirrung, Aufregung
saṁbharaṇa *n* <saṁsmaraṇa> Erinnerung *intr*
saṁbhava *m* <saṁbhava> Entstehung, Geburt, Ursprung
saṁbhāsā *f* <saṁbhāṣā> Gespräch, Unterhaltung
saṁmajjiya *Adj PPP* <saṁmārjita> gefegt, gewischt, geputzt
saṁmatta *n* <saṁyaktva> rechter Glaube
saṁmaddai <sam-mr̥d, saṁ-mr̥dnāti> reiben, zerreiben, zerdrücken
saṁmaya *n* <saṁmata> Billigung, Zustimmung
saṁmāna *m* <saṁmāna> Ehrerweisung
saṁmīliya *Adj PPP* <sammīlita> *bes Augen* geschlossen
saṁmui *f* <saṁmati> Billigung, Einverständnis
saṁmuha *Adj* <saṁmukha> zugekehrt, zugewandt
saṁruddha *Adj PPP* <saṁruddha> gehindert, zurückgehalten
saṁlavai <sam-lap, saṁlapati> sprechen, schwatzen, sich unterhalten; *PPP* **saṁlutta**
saṁlehaṇā *f* <saṁlekha *m*> *Jin* zum Tode führende Fastenübung
saṁvaḍḍhai <sam-vr̥dh, saṁvardhati> heranwachsen, gedeihen
saṁvega *m* <saṁvega> 1. *Psych* starke Erregung; 2. *Jin* Erlösungsstreben
saṁsagga *m* <saṁsarga> 1. Verbindung, Vereinigung; 2. Zusammenhang, Kontakt
saṁsaya *m* <saṁśaya> Zweifel
saṁsāra *m* <saṁsāra> *Rel* Seelenwanderung, Geburtenkreislauf
saṁharai <sam-hr̥, saṁ-harati> 1. wegnehmen, rauben; 2. beseitigen; 3. unterdrücken, hemmen
sakka *m* <śakra> *Myth Beiname des Indra*
sakkai <śaknoti> können, imstande sein, fähig sein
sakkarā *f* <śarkarā> 1. Kiesel; 2. Zucker
sakkā *Adj* <śakyam, *ved* śakyāt> machbar, möglich
sakkāra *m* <satkāra> Bewillkommnung, Freundlichkeit
sagaḍa *n* <śakaṭa> Karren, Wagen
sagāsa *m* <sakāśa> Anwesenheit, Gegenwart, Beisein

sagga *m* <svarga> *Myth* Himmel
sacca *Adj* <satya> 1. wahr, echt; 2. wirklich, real
saccavai <satyāpayati> bestätigen, nachweisen; *PPP* **saccaviya**
saccaha *Adj* <sadr̥śa> ähnlich, gleich
sacchaṁdaṁ *Adv* <svacchandam> nach eigenem Belieben, unabhängig
sajja *Adj* <sajja> 1. bereit, fertig; 2. richtig, ordentlich
sajjaṇa *m* <sajjana> guter Mensch
sajjiā *m* <sarjikā> Ätzstoff
sajjhasa *n* <sādhvasa> Angst, Scheu
sajjhāya *m* <svādhyāya> Selbststudium
saṭṭhi *f Num* <ṣaṣṭi> sechzig
saṇāha *Adj* <sanātha> 1. einen Herrn *oder* Gebieter habend; 2. verbunden (mit)
saṇiyaṁ *Adv* <śanais> allmählich, langsam
saṇṇā *f* <saṁjñā> Bewusstsein, Intellekt
saṇṇihiya *Adj PPP* <saṁnihita> benachbart
saṇha *Adj* <ślakṣṇa> glatt, weich, zart
[1]satta *Adj Num* <saptan> sieben
[2]satta <sattva> 1. *m* Lebewesen; 2. *n* Sein, Dasein, Existenz
[3]satta *Adj PPP* <sakta> hängend (an), gierig (nach), begierig (auf)
sattacchaya *m* <saptacchada> *Baumart*, Art „Siebenblatt" (Alstonia scholaris)
sattama *Adj* <saptama> siebenter
sattarasa *Adj Num* <saptadaśan> siebzehn
sattasaiya *Adj* <saptaśatika> siebenhundert betragend
sattu *m* <śatru> Feind
sattuya *m* <saktu> Getreidegrütze
[1]sattha *m* <sārtha> Karawane
[2]sattha *n* <śastra> Messer, Dolch, Schwert
[3]sattha *n* <śāstra> Lehre, Lehrbuch
[4]sattha *n* <svāsthya> Behagen, Wohlbefinden
satthara *m* <svastara> Streulager
satthavāha *m* <sārthavāha> Großkaufmann; Karawanenleiter
sadda *m* <śabda> 1. Laut, Ton; 2. Wort
saddiya *Adj PPP* <śabdita> herbeigerufen
saddhasa *n* <sādhvasa> Bestürzung, Scheu
saddhahai <śrad-dadhāti> glauben, vertrauen
saddhā *f* <śraddhā> 1. Glaube, Vertrauen; 2. Lust (auf), Verlangen (nach)
saddhiṁ *Postp mit Instr* <sadhrī, sadhryak, sārdham> zusammen, mit
sannā *f* <saṁjñā> 1. Bewusstsein, Intellekt; 2. Wink, Zeichen
sannāya *Adj PPP* <saṁjñāta> erkannt

sannivesa *m* <saṁniveśa> Wohnsitz, Lager, Ort
[1]**sappa** *m* <sarpa> Schlange
[2]**sappa** *n* <sarpis> zerlassene Butter
sappurisa *m* <satpuruṣa> guter Mensch
saphala *Adj* <saphala> fruchtbar
sabbhāva *m* <sadbhāva> 1. Güte, Zuneigung, Wohlwollen; 2. wahrer Sachverhalt
sabhā *f* <sabhā> 1. Versammlung, Kollegium, Gesellschaft; 2. Saal
sama *Adj* <sama> ähnlich, gleich
samaṁ *Adv* <samam> (*mit Instr*) zusammen (mit)
samaṁtā *Adv Abl* <samantāt> ringsum, gründlich, vollständig
samakkhaṁ *Adv* <samakṣam> in Gegenwart von, unter den Augen von (*mit Gen*)
samagga *Adj* <samagra> ganz, vollständig
samaṇa *m* <śramaṇa> *auch Buddh* Bettelmönch, Frommer, Asket
samaṇupatta *Adj PPP* <samanuprāpta> erreicht, erlangt
samaṇubaddha *Adj PPP* <samanubaddha> fest gebunden (an), abhängig (von)
samaṇuvāsaya *m* <śramaṇopāsaka> *Jin* gläubiger Laienanhänger
[1]**samatta** *Adj PPP* <samāpta> erledigt, vollbracht
[2]**samatta** *Adj PPP* <samasta> alle, ganz, vollständig
samatti *f* <samāpti> 1. Erlangung, Erhalt; 2. Beendigung, Schluss
samattha *Adj* <samartha> fähig, tauglich
samannāgaya *Adj PPP* <sam-anu-ā-gata> versehen (mit), ausgestattet (mit)
samappiya *Adj PPP von* **samappei** <samarpita> dargeboten, gewidmet
samaya *m* <samaya> 1. Zeit, Frist, Termin; 2. Vertrag; 3. Lehre, Doktrin
samara <samara> Kampf, Schlacht
samallīna *Adj PPP* <samālīna> benachbart, nahe
samavahāra *n* <saṁvyavahāra> 1. Umgang, Verkehr; 2. Handel
samāiṭṭha *Adj PPP* <samādiṣṭa> 1. ausgesagt, verkündet; 2. angewiesen, bestimmt
samāgacchai <samāgacchati> herbeikommen; *PPP* **samāgaya**
samāgama *m* <samāgama> Zusammenkunft, Begegnung, Treffen
samāḍhatta *Adj PPP* <samārabdha> begonnen, in Ordnung gebracht
samāṇa *Adj* <sat> seiend, existierend, vorkommend
samāṇiya *Adj PPP* <sam-ā-nīta> 1. gebracht; 2. erledigt, vollbracht
samāruhai <samārohati> besteigen, erklettern; *PPP* **samārūḍha**
samāvaḍiya *Adj PPP* <samāpatita> 1. gefallen, gestürzt; 2. sich ereignet, geschehen
samāvaṇṇa *Adj PPP* <samāpanna> erhalten, erlangt

samāsattha *Adj PPP* <samāśvasta> getröstet, erholt
samāhi *m* <samādhi> *Phil*, *Rel* Versenkung, Andacht
samikkhae <sam-īkṣate> annehmen, erwägen, betrachten
samiddha *Adj PPP* <saṁr̥ddha> sehr erfolgreich, gut gelungen
samiya *Adj* <samita> ausgestattet, versehen (mit)
samīva *n* <samīpa> Nähe
samīhiya *Adj PPP* <samīhita> herbeigewünscht, erstrebt
samuggaya *m* <samudgaka> Schachtel, Dose
samucchida *Adj PPP* <sam-ud-śri, samucchrita> aufgehoben, erhoben, hoch
samujjoya *m* <samuddyota> Aufleuchten
samuṭṭhāe <sam-ud-sthā, samuttiṣṭhati> 1. aufstehen; 2. aufbrechen, abreisen; 3. hervorgehen, entstammen
samudāāra *m* <samudācāra> frommer Wandel
samudda *m* <samudra> Meer, Ozean
samunnaya *Adj PPP* <samunnata> erhöht, hoch
samuppajjai <samutpadyate> entstehen; *PPP* **samuppanna**
samullāva *m* <samullāpa> Gespräch, Unterhaltung
samūha *m* <samūha> Haufen, Menge
samūsiya *Adj PPP* <samucchrita> erhoben, hoch
samosaraṇa *n* <samavasaraṇa> *Jin* Ankunft, *Rel* Betrachtung, *Rel* Versammlung
saya *n* <śata> hundert
sayaṁ *Adv* <svayam> selbst, von selbst, eigen
[1]**sayaṇa** *n* <śayana> 1. Ort, Sitz; 2. Lager, Bett
[2]**sayaṇa** *m* <svajana> Angehöriger, Verwandter
sayayaṁ *Adv* <satatam> immer, stets, ewig
sayala *Adj* <sakala> ganz, gesamt, vollständig
sayā *Adv* <sadā> immer, stets, ewig
sayāsa *m* <sakāśa> Anwesenheit, Gegenwart, Beisein
[1]**sara** *m* <śara> Pfeil
[2]**sara** *n* <saras> See, Teich
[3]**sara** *m* <svara> Schall, Ton
sarai <smr̥, smarati> sich erinnern
[1]**saraṇa** *n* <śaraṇa> Schutz, Obhut, Zuflucht
[2]**saraṇa** *n* <smaraṇa> Erinnerung
saraya *m*, *n* <śarad *f*> Herbst
sarala *Adj* <sarala> ehrlich, aufrecht, schlicht
sarasa *Adj* <sarasa> frisch, saftig, würzig, schmackhaft
sarisa *Adj* <sadr̥śa> gleich, gleichmäßig

sarīra *m, n* <śarīra> Körper, Leib
sarūva <sarūpa> **I.** *Adj* farbig, schön; **II.** *n* wahres Wesen
salāhai <ślāghate> rühmen, lobpreisen
salila *n* <salila> Wasser
savai <śapati> fluchen, verfluchen, schmähen
savaṇa *n* <śravaṇa> Gehör, Ohr
savatta *m* <sapatna> Nebenbuhler, Feind
savattī *f* <sapatnī> Mitgemahlin
savaha *m* <śapatha> Fluch
savva *Adj* <sarva> all, jeder, ganz
savvao *Adv* <sarvatas> von / auf / nach allen Seiten, überall
savvaṇṇu <sarvajña> allwissend
savvattha *Adv* <sarvatra> überall
savvassa *n* <sarvasva> 1. alle Habe; 2. Gesamtheit, Summe, Inbegriff
savvahā *Adv* <sarvathā> auf jede Weise, unter allen Umständen, unbedingt, jedenfalls
sasai <śvasati> atmen, schnaufen, seufzen
sasahara *m* <śaśadhara> *bildh* Mond
sassa *n* <sasya> Getreide, Korn
sassiriadā *f* <saśrīkatā> Pracht, Schönheit
saha *Postp mit Instr* <saha> mit
sahai <sahate> dulden, aushalten, ertragen
sahattha *n* <svahasta> eigene Hand
sahammiṇī *f* <sadharmiṇī> Glaubensgenossin
sahayāra *m* <sahakāra> *aromatische Mango-Art*
sahara *m* <śaphara> *Karpfenart*
sahasā *Adv* <sahasā> plötzlich
sahassa *m, n Num* <sahasra> tausend
sahā *f* <sabhā> Gesellschaft, Versammlung
sahāya *m* <sahāya> Gefährte, Kamerad, Helfer
sahāva *m* <svabhāva> Natur, Charakter, Wesen
sahi *m* <sakhi> Freund, Gefährte
sahiya *Adj PPP* <sahita> vereinigt (mit), begleitet (von)
sahī *f* <sakhī> Freundin, Gefährtin
sahīṇa *Adj* <svādhīna> unabhängig, selbstständig
sahodara *m*, **sahoyara** *m* <sahodara> leiblicher Bruder
sā *Pron pers 3. Pers f Nom Sg* <sā> die, sie
sāadaṁ *Adv* <svāgatam> willkommen
sāima *n* <svādiman> *aromatische Kausubstanz*

sāuṇia *m* <śākunika> Vogelsteller
sāma *Adj* <śyāma> dunkel, schwarz
sāmaṁta *m*, *n* <sāmanta> 1. Nachbar; 2. Vasall
sāmagga *n* <sāmagrya> (gesamte) Habe
sāmaṇṇa *n* <śrāmaṇya> Asketentum, Bettelmönchsdasein
sāmattha *n* <sāmarthya> Fähigkeit, Macht
sāmi *m* <svāmin> Gebieter, Herr
sāminī *f* <svāminī> Herrin
sāmitta *n* <svāmitva> Herrschaft
sāra *m*, *n* <sāra> Kern, Mark, Essenz
sāyara *m* <sāgara> Meer, Ozean
sārasa *m* <sārasa> Kranich (Ardea sibirica)
sārahi *m* <sārathi> Kriegswagenlenker
sāriccha *Adj* <sādr̥kṣa> ähnlich, gleich
sārīra *Adj* <śārīra> körperlich
sālā *f* <sālā> Raum, Stube
sālī *m* <sālī> Reis
[1]**savāya** *m* <śrāvaka> *Buddh*, *Jin* Laienanhänger
[2]**savāya** *m* <śvāpada> Raubtier
sāviyā *f* <śrāvakī> *Jin* Laienanhängerin
sāsa *m* <śvāsa> Asthma
sāsaṇa *n* <śāsana> Weisung, Befehl
sāhai, **sāhei** <śāsti> 1. belehren, unterrichten; 2. mitteilen; 3. regieren, beherrschen; *PPP* **siṭṭha** <śiṣṭa>
sāhaṇīa *Adj Ger* <ślāghanīya> lobenswert, rühmenswert
sāhasa n <sāhasa> Unbesonnenheit, Verwegenheit
[1]**sāhā** *f* <ślāghā> Lobpreisung
[2]**sāhā** *f* <śākhā> Ast, Zweig
[3]**sāhā** *f* <svāhā> *Indekl Opferruf* Heil, Segen
sāhāraṇa *n* <sādhāraṇa> 1. Bündnis; 2. Gefallen, Gunst
sāhīṇa *Adj* <svādhīna> selbstständig, unabhängig
sāhu *m* <sādhu> Heiliger
sāhukkāra *m* <sādhukāra> Beifallsruf
sāhuṇī *f* <sādhvī> Heilige, Nonne
sāhejja *n* <sāhāyya> Hilfe, Beistand
si <asi> du bist
siāla *m* <śr̥gāla> Schakal
siṁga *n* <śr̥ṅga> *Zoo*l Horn
siṁgāra *m* <śr̥ṅgāra> Schmuck, Putz

siṁcai <siñcati> ausgießen, beträufeln; *PPP* **sitta**
siṁbha *m* <śleṣman> Schleim
siṁha *m* <siṁha> Löwe
siṁhāsaṇa *n* <siṁhāsana> *bildh* Thron
sikkhai <śikṣ *Des von* **śak**, śikṣati> lernen, einüben
sikkhā *f* <śikṣā> Unterricht, Lehre
siggha *Adj* <śīghra> schnell, rasch
sijjā *f* <śayyā> Lager, Bett
sijjhai <sidhyati> Erfolg haben, gelingen; *Jin* zur Erlösung kommen
siṭṭhi *f* <sr̥ṣṭi> Schöpfung
siḍhila *Adj* <śithila> lose, locker, schlaff
siṇiddha *Adj PPP* <snigdha> 1. feucht, glatt; 2. freundlich
siṇeha *m* <sneha> 1. Fett, Öl; 2. Glätte; 3. Anhänglichkeit, Zuneigung
sitta *Adj PPP* <sikta> besprengt, beträufelt
siddha *Adj PPP* <siddha> erreicht, gelungen, vollendet; *Jin* erlöst
siddhi *f* <siddhi> 1. Gelingen, Erfolg, Glück, Zufriedenheit; 2. *Jin* Erlösung
sindhu <sindhu> 1. *m* Meer; 2. *f* Fluss
sippa *n* <śilpa> Kunstfertigkeit, Kunst
sippiya *m* <śilpika> Künstler
sibira *n* <śibira> Heerlager
siya *Adj* <sita> weiß
sira *n* <śiras> Kopf
sirivaccha *m* <śrīvatsa> ein günstiges Vorzeichen
sirī *f* <śrī> 1. Reichtum, Wohlstand; 2. Schönheit, Pracht, Herrlichkeit
sirīsa *m* <śirīṣa> *Baumart* (Acacia sirissa)
silā f <śilā> Fels, Stein
siloga *m* <śloka> Vers
sivā *f* <śivā> Schakalweibchen
siviyā *f* <śibikā> Sänfte, Palankin
sisira m <śiśira> *Met* Kälte, Kühle
sisu *m* <śiśu> Kind
sihara *n* <śikhara> Pik, Gipfel; Oberteil, Spitze
sihāla *Adj* <śikhāvat> 1. flammend; 2. eine Spitze aufweisend
sihi *m* <śikhin> Pfau
¹sīsa *m* <śiṣya> Schüler, Student
²sīsa *n* <śīrṣan> Kopf
sīsaya *m* <sīsaka> Blei
sīha *m* <siṁha> Löwe
sīhāsaṇa *n* <siṁhāsana> *bildh* Thron

sīhu *m* <sīdhu> Rum
su *Adv Präf* (~/-) <su> 1. gut, wohl; 2. vollständig, durchaus, sehr
suaṁḍhī *f* <śuṇṭhī> Ingwer
[1]**sui** *Adj* <śuci> fleckenlos, sauber, rein
[2]**sui** *f* <śruti> 1. Hören, Zuhören; 2. Gehör, Ohr
[3]**sui** *f* <smr̥ti> Erinnerung, Gedächtnis
suiraṁ *Adv* <suciram> auf lange Zeit
suumāra *m* <śiśumāra> Schnabeldelphin (Delphinus gangeticus)
suṁdara *Adj* <sundara> schön, anmutig, lieblich
sukai *m* <sukavi> vortrefflicher Dichter
sukumāla *Adj* <sukumāra> sehr zart
[1]**sukka** *n* <śukra> Manneskraft, Sperma
[2]**sukka** *Adj* <śuṣka> trocken, dürr
sukkha *n* <saukhya> Behagen, Glück, Genuss
sujjhai *Pass* <śodhyate> er/sie/es wird geläutert
suṭṭhu *Adv* <suṣṭhu> gut, recht, in Ordnung
suṇai, **suṇei** <śru, śr̥ṇoti> hören
suṇaya *m* <śunaka> Hund
suṇaha *m* <śunaka> Hund
suṇṇa *Adj* <śūnya> leer
suṇhā *f* <snuṣā> Schwiegertochter
[1]**sutta** *Adj PPP* <supta> ruhend, schlafend
[2]**sutta** *n* <sūtra> 1. Faden, Garn, Schnur; 2. Lehrsatz, Lehrbuch
suddha *Adj PPP* <śuddha> *auch Psych* sauber, rein, makellos
sunna *Adj* <śūnya> leer
subahu *Adj* <subahu> sehr viel, zuviel
sumarai <smr̥, smarati> sich erinnern
sumaraṇa *n* <smaraṇa> Gedächtnis
sumiṇa *m* <svapna> Schlaf, Traum
[1]**suya** *Adj PPP* <śruta> gehört
[2]**suya** *m* <śuka> Papagei
[3]**suya** *m* <suta> Sohn
suyai <svapati> schlafen
suyaṁdha *Adj* <sugandha> duftend, wohlriechend
suyaṇu *Adj* <sutanu> schöngliedrig, sehr schlank
sura *m* <sura> Gott, Gottheit
suraṁgā *f* <suruṅgā> unterirdischer Gang
suravai *m* <surapati> Götterherr, Indra
surahi *Adj* <surabhi> wohlriechend

surūva *Adj* <surūpa> wohlgestaltet
sulabha *Adj* <sulabha> leicht zu erlangen
suvai <svapati> schlafen
suvaṇṇa *n* <suvarṇa> Gold; **~kāra** *m* <suvarṇakāra> Goldschmied
suvahu *Adj* <subahu> sehr viel
suviṇa *m, n* <svapna> Schlaf, Traum
suvo *Adv* <śvaḥ> morgen
suvvai *Pass* <śrūyate> es wird gehört
susāṇa *n* <śmaśāna> Bestattungsort, Friedhof
sussūsai <śuśrūṣay *Denom*> 1. gehorchen; 2. bedienen
[1]suha *Adj* <śubha> 1. angenehm, erfreulich; 2. schön, schmuck; 3. günstig
[2]suha *Adj* <sukha> glücklich
suhaya *Adj* <subhaga> 1. glücklich; 2. schön, liebenswürdig
suhi *Adj* <sukhin> behaglich, glücklich
sūaa *m* <sūcaka> Denunziant, Spion
sūiya *Adj PPP* <sūcita> 1. angekündigt, bezeichnet; 2. angezeigt
sūī *f* <sūcī> Nadel, Stachel, Nagel
sūya *m* <sūda> Koch
sūyaga *Adj* <sūcaka> 1. andeutend, bezeichnend; 2. *Jur* anzeigend, verratend
[1]sūra *m* <śūra> Held
[2]sūra *m* <sūrya> Sonne
sūla *m, n* <śūla> spitzer Pfahl, Spieß
se I. *Konj* <atha> dann, darauf; II. *Pron der 3. Pers Gen Sg* <asya> sein
[1]sea *n* <śreyas> Segen, Wohlfahrt
[2]sea *m* <sveda> Schweiß
seu *m* <setu> Damm, Brücke
sejjā *f* <śayyā> Lager, Lagerstatt, Bett
seṭṭhi *m* <śreṣṭhin> vornehmer Herr, Gildenherr
seḍhi *f* <śreṇī> 1. Reihe, Serie; 2. Haufen, Menge, Schar; 3. Genossenschaft, Gilde
seṇā *f* Heer, Armee
[1]seya *Adj* <śveta> weiß, hell
[2]seya *m* <sveda> Schweiß
sela *m* <śaila> Fels, Berg, Gebirge
sevaya *m* <sevaka> Diener
sevai <sevate> 1. bedienen, pflegen; 2. gebrauchen; *PPP* **seviya**
sevā *f* <sevā> Bedienung, Dienst, Verehrung
sesa *m, n* <śeṣa> Rest
so *Pron pers 3. Pers m Nom Sg* <saḥ> er, der

souṁ <śrotum> *Inf* zu hören
soṁḍā *f* <śuṇḍā> Rüssel
soṁḍīra *Adj* <śauṇḍīra> selbstbewusst, stolz, überheblich
sokkha *n* <saukhya> Behagen, Genuss, Glück
soccā *Abs* <śrutvā> gehört habend
soṇiya *n* <śoṇita> Blut
soṇhā *f* <snuṣā> Schwiegertochter
sottia *m* <śrotriya> gelehrter Brahmane
sottuṁ <svaptum> *Inf* zu schlafen
sobhaṇa *n* <śobhana> Glück, Wohl
soma *Adj* <saumya> **I.** *Adj* freundlich, lieb; **II.** *m Vok* mein Lieber!
[1]**soya** *m* <śoka> Kummer, Trauer
[2]**soya** *n* <śauca> Reinheit, Lauterkeit, Ehrlichkeit
[3]**soya** *m, n* <srotas> 1. Öffnung, Loch; 2. Strömung
soyai <śuc, śocati> trauern
solasa *Adj Num* <ṣoḍaśan> sechzehn
sovaṇṇa *Adj* <sauvarṇa> golden
sovāṇa *n* <sopāna> Treppe, Leiter
sohagga *n* <saubhāgya> Glück, Wohlergehen
sohā *f* <śobhā> Glanz, Pracht, Schönheit
sohiya *Adj PPP* <śobhita> glänzend, prächtig
sohei <śudh *Kaus*, śodhayati> reinigen, säubern; *PPP* **sohiya** <śuddha>

h

haa *Adj PPP* <hata> 1. geschlagen; 2. getötet
haṁta *Interj* <hanta> wohlan!, gut!
haṁsa *m* <haṁsa> Gans, Flamingo
hakkārai <ā-kr̥ *Kaus*, ākārayati> herbeirufen
haṭṭa m <haṭṭa> Markt
haṭṭha *Adj PPP* <hr̥ṣṭa> freudig erregt, froh
haḍa *Adj PPP* <hr̥ta> genommen, weggebracht
haḍha *m* <haṭha> Zwang, Gewalt
haṇai <hanti> 1. schlagen, verletzen; 2. töten; *PPP* **haa**, **hata**, **haya**
hattha *m* <hasta> Hand
hatthi *m* <hastin> Elefant
haddhī *Interj* <hā dhik> o weh!; pfui!
haya *m* <haya> Pferd, Ross
harai <hr̥, harati> wegnehmen, rauben

hariesa *Adj* <harikeśa> blondhaarig
hariṇa *m* <hariṇa> Antilope, Gazelle
harida *Adj* <harita> falb, grünlich, grün
harisa *m* <harṣa> Entzücken, Freude
hala *n* <hala> Pflug
halidda *m* <haridra> gelber Sandelbaum
haliya *m* <halika> Pflüger
havai, **havei** <bhū, bhavati> sein, werden, existieren
hasai, **hasei** <hasati> 1. lachen; 2. auslachen, verspotten; *PPP* **hasiya**
hāra *m* <hāra> Perlenschnur
hāsa *m* <hāsa> Gelächter, Humor, Komik
hāhākāra *m* <hāhākāra> Wehgeschrei
hio *Adv* <hyas> gestern
hiṁgula *n* <hiṅgula> Zinnober
hiṁḍai <hiṇḍate> gehen, wandern
hiṭṭha *Adj PPP* <hr̥ṣṭa> erfreut, froh
hiṭṭhā *Adv* <adhastāt> unten
hiya I. *Adj PPP* <hita> freundlich, hilfreich, heilsam; **II.** *n* 1. Wohl, Wohlstand, Heil, Gutes; 2. Hilfe, Unterstützung
hiyaya *n* <hr̥daya> Herz
hiraṇṇa *n* <hiraṇya> Gold
hīṇa *Adj PPP* <hīna> 1. verlassen, aufgegeben; 2. untergeordnet, unterlegen; 3. mangelhaft, fehlend
hu *Indekl* <khalu> freilich, allerdings
huai <bhū, bhavati> sein, werden, existieren
huyavaha *m* <hutavaha> *bildh* Feuer
huvai <bhavati> er/sie/es ist, wird, existiert
hūa *Adj PPP* <bhūta> 1. geworden, geboren; 2. existent, vorhanden
heu *m* <hetu> Grund, Ursache, Veranlassung
heṭṭhā *Postp mit Gen* <adhas> unter, unterhalb
hema *n* <hema> Gold, Goldstück
hesai <heṣati> wiehern
hoi <bhavati> er/sie/es ist, wird, existiert
homi <bhavāmi> ich bin, werde, existiere

Verzeichnis der Sekundärliteratur

Hillebrandt, Alfred (ed.): *Mudrārākṣasa by Viśākhadatta. Part II.* Breslau 1912.

Jacobi, Hermann: *Ausgewählte Erzählungen in Māhārāṣṭrī.* Leipzig 1886; Neudruck: Darmstadt 1967.

Mylius, Klaus: *Geschichte der altindischen Literatur.* (Beiträge zur Kenntnis südasiatischer Sprachen und Literaturen, hrsg. von Dieter B. Kapp, Band 11.) 2. überarbeitete und ergänzte Aufl., Wiesbaden 2003.

Mylius, Klaus: *Zur Didaktik mittelindischer Sprachen.* (Beiträge zur Kenntnis südasiatischer Sprachen und Literaturen, hrsg. von Dieter B. Kapp, Band 23.) Wiesbaden 2013.

Pischel, Richard: *Grammatik der Prakrit-Sprachen.* Strassburg 1900; Nachdruck: Hildesheim / New York 1973.

Schmidt, Richard: *Elementarbuch der Śaurasenī mit Vergleichung der Māhārāṣṭrī und Māgadhī.* Hannover 1924; Neudruck: Osnabrück 1971.

Sen, Sukumar: *A Comparative Grammar of Middle Indo-Aryan.* 2. Aufl., Poona 1960.

Woolner, A. C. *Introduction to Prakrit.* 2. Aufl., Calcutta 1928; Nachdruck: Delhi 1966.